액트 나우

ACT
NOW

지구를 살리는 첫걸음

액트 나우
ACT NOW

소일
지음

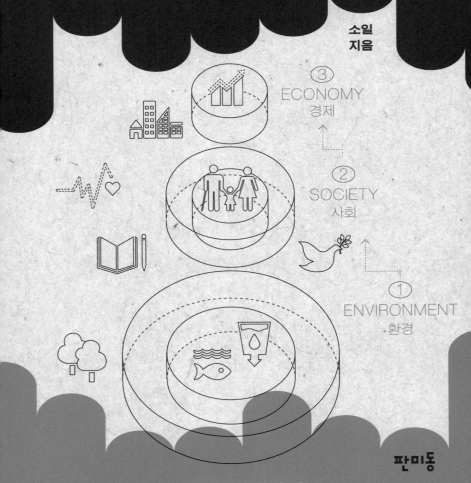

③ ECONOMY
경제

② SOCIETY
사회

① ENVIRONMENT
환경

판미동

UN에서 채택한
지속가능한 미래를 위한 17가지 행동

차례

머리말

#이 넓은 지구에 아주 작은 나

'환경'이라는 단어가 언제부터 마음 깊숙이 자리 잡았는지 정확히 기억나진 않는다. 하지만 환경 문제를 나의 문제로 받아들이고, 더 나은 내일을 위해 행동하기로 마음을 먹게 된 과정은 선명히 기억한다. 그 시작은 2011년 3월 11일, 동일본 대지진이 발생한 날이었다. 당시 일본에 살던 나는 엄청난 규모의 지진으로 마비된 사회와 해일이 휩쓸고 간 도시의 모습을 생생하게 지켜봤다. TV에서는 속보만 끊임없이 이어졌고, 휴대폰에는 안부를 묻는 가족과 친구들의 연락이 쏟아졌다. 자연재해의 엄청난 위력에 두려움을 느꼈지만 정작 내가 있던 교토는 표면적으로 너무나 평온했다. 그 괴리 속에서 위기감과 안도감이 뒤섞였다.

막연하게 환경에 대한 경각심을 가지고 지내던 어느 날, 2016년 9월 12일 저녁에는 경주에 지진이 일어났다. 그 여파로 내 방 거울이 울렁 흔들렸고, 곧이어 도착한 재난 문자는 그제야 내게 '진짜' 위기를 상상하게 했다. '우리 집 잡동사니에 깔려 집 밖으로 탈출하지 못하면 어떡하지?' 자연재해 앞에서 나는 아무것도 할 수 없는 연약한 존재라는 깨달음과 함께, 비로소 환경 문제가 나의 문제로 다가왔다.

당장 환경 문제를 해결하기는 어렵지만 우선 잡동사니에 깔려 죽진 말아야겠다는 생각이 들었고, 최소한의 물건으로 사는 '최소주의자(미니멀리스트)'가 되기로 했다. 하지만 삶에서 꼭 필요한 것을 추리는 과정은 생각보다 간단하지 않았다. 불필요한 잡동사니를 눈앞에서 손쉽게 치우는 것이 끝이 아니었다. 그 과정에서 생기는 쓰레기, 기부하거나 중고 거래한 물건들이 사회와 환경에 영향을 미치고 있다는 것을 깨달았기 때문이다.

그때부터 환경 관련 책들을 찾아 읽으며 삶을 살아가는 태도와 방식 전반을 고민하게 되었다. 단순히 소유한 물건을 줄이는 최소주의자에서 더 나아가고 싶어졌고, 환경·사회·경제 모든 분야에서 책임 있는 선택을 하는 삶을 살고자 '윤리적'이라는 말을 더했다. 그렇게 '윤리적 최소주의자'라는 새로운 이름과 함께 뚜렷한 지향점이 생겼다.

환경에서 지구상의 모든 것으로 관심과 실천이 넓혀 나갈 때 내가 나침반으로 삼은 것이 바로 '지속가능발전목표(Sustainable Development Goals, SDGs)'다. 2015년 유엔(UN) 총회에서 만장일치로 정한 2030년까지의 이 목표는 환경·사회·경제의 균형과 조화를 다루며 지속가능한 지구를 만들겠다는 도전을 담고 있다. "인류와 지구의 미래는 우리의 손에 달렸다. 또한 미래는 다음 세대에게 그들의 일을 넘겨 주게 될 오늘의 젊은 세대에게 달려 있다."*라는 메시지는 미래에서 오늘날 내게 전해 오는 간절한 촉구로 다가왔다.

#더 나은 미래를 위한 조금 다른 삶

첫 책 『제로 웨이스트는 처음인데요』를 출간한 후, 제로 웨이스트 강연을 통해 생태 전환과 지속가능발전을 알릴 수 있는 기회가 주어졌다. 강연에서는 제로 웨이스트를 추구하는 일상의 실천이 어떻게 지속가능발전목표와 연결되는지 보여 주고자 했다. 예를 들어, 남김없이 비운 밥그릇 사진에는 목표 12-3 "전 세계 식량 폐기물 절반으로 줄이기" 아이콘을, 중고 옷가게를 이용하는 사진에는 목표 12-5 "폐기물 발생을 대폭 감축하기" 아이콘을 표시했다.

이러한 접근은 유엔이 최근 발표한 "지구를 구하기 위한 게으른 사람을 위한 가이드(The Lazy Person's Guide to Saving the World)"와 맥을 함께한다. 이 가이드는 집 소파에서 시작해 직장까지, 우리 삶의 모든 영역에서 간단하게

---

* 2015년 9월 25일 제70차 유엔총회에서 채택된 「우리 세계의 변혁: 2030 지속가능발전의제」(A/RES/70/1) 제53항에서 발췌. 원문은 "The future of humanity and of our planet lies in our hands. It lies also in the hands of today's younger generation who will pass the torch to future generations. We have mapped the road to sustainable development; it will be for all of us to ensure that the journey is successful and its gains irreversible."이다.

할 수 있는 행동을 안내한다. 지속가능한 세계를 만드는 데는 정부와 기업의 역할도 중요하지만, '게으른 개인'의 작은 실천도 꼭 필요하다는 메시지를 전한 것이다. 이 가이드에서도 드러나듯, 우리 삶에서 시작하는 작은 변화는 지구에서 잘 살아가기 위한 최소한의 노력이자 더 나은 미래를 위한 필수 조건이 된다.[1]

이 책 『액트 나우』에는 세계 공동의 목표에 아주 조금이라도 이바지하려는 나의 발걸음이 담겨 있다. 지속가능한 미래, 인간과 지구의 공존, 모두의 번영을 위해 내가 해온 실천과 앞으로 마주할 과제들을 두루 다루었다. 또한 유엔 제네바 인식 변화 프로젝트(PCP)의 '170가지 행동'[2]을 바탕으로, 일상에서 쉽게 시작할 수 있는 실천법들을 'ACT NOW 도움말'로 정리했다. 지속가능한 소비나 생물 다양성 보호와 같은 커다란 과제들을 누구나 함께할 수 있는 소소한 행동들로 풀어냈다.

혼자 실천하고 변화하는 것만으로는 한계가 있다. 하지만 우리가 서로 연대하고 협력한다면, 개별적인 노력이 사회적 움직임이 되고 문제를 해결할 수 있는 힘도 커진다. 이 책이 더 나은 미래를 꿈꾸는 이들에게 든든한 길잡이가 되기를, 그리고 지속가능발전목표가 제시하는 살기 좋은 내일을 더 많은 지구 동료와 함께 만들어 갈 수 있기를 바란다.

"이 케이크는 무엇일까?"

스톡홀름 회복력 센터는 지속가능발전목표가
환경(생물권)–사회–경제의 균형 잡힌 통합에 기반한다는 점을
강조하며 3단 웨딩 케이크 모델을 개발했다.

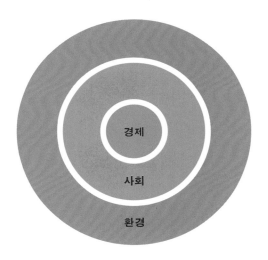

가장 아래층부터 차례대로
우리의 환경, 사회,
그리고 경제를 나타낸다.

＊ 지속가능발전목표란?
유엔은 2030년까지 달성할 17개의 전 지구적 목표를 수립했다. 이는 모든
형태의 빈곤을 종식하고, 불평등과 싸우며, 기후변화에 대처하면서 "누구도
소외되지 않는(Leave No One Behind)" 세상을 만들기 위한 것이다.
인간(People), 지구(Planet), 번영(Prosperity), 평화(Peace),
파트너십(Partnership)을 통합적으로 고려한 17개의 주요 목표와 169개의
세부 목표들은 밀접하게 연결되어 있으며, 지속가능한 미래를 위해 환경 보호,
사회 발전, 경제 성장의 균형을 추구한다.

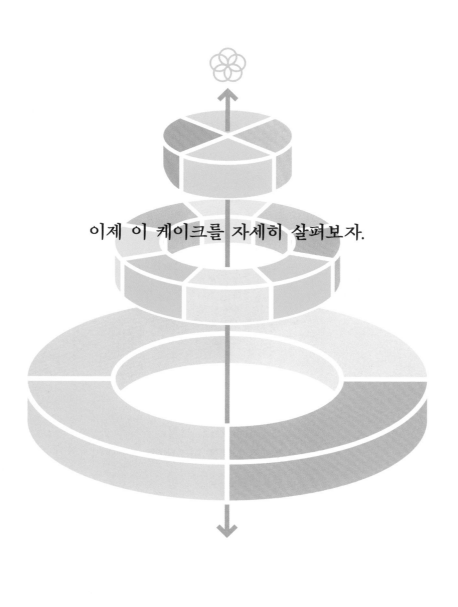

이제 이 케이크를 자세히 살펴보자.

가장 밑바탕이 되는 '환경'은
모든 생명의 삶의 터전을 의미한다.

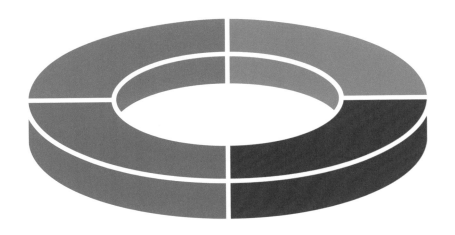

ENVIRONMENT
환경

6 깨끗한 물과 위생

13 기후변화 대응

14 해양 생태계 보호

15 육상 생태계 보호

가운데층 '사회'는
누구나 평등하고 행복하게 살아가는
공동체를 의미한다.

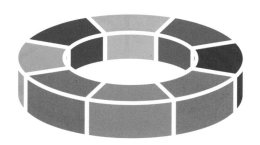

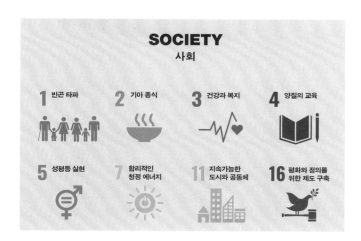

맨 위층 '경제'는 우리의 삶을
유지하고 발전하는 기반이자
모두가 함께 누리는 풍요로운 경제를 나타낸다.

ECONOMY
경제

8 양질의 일자리와
경제 성장

9 산업, 혁신과
인프라 구축

10 불평등 해소

12 책임감 있는
소비와 생산

마지막으로 케이크가 견고하게 서 있을 수 있도록
중심축이 되는 목표 17은
지속가능발전목표 달성을 위한
전 세계의 협력을 의미한다.

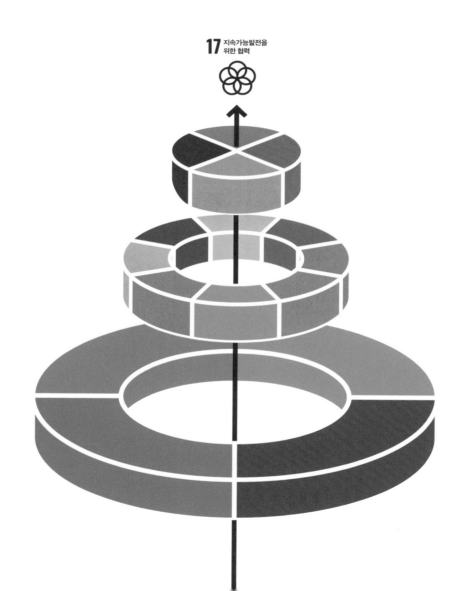

삶을 꾸려 나가는 데 꼭 필요한 경제,
그리고 그 토대가 되는 사회 아래에는
우리가 잊곤 하지만 가장 근본적인 디딤돌이
되어 주는 우리의 지구가 있다.

이 생태적 기반이 단단하지 않으면
결국 모든 것이 무너지게 된다.

3단 웨딩 케이크는 사회와 경제가 제대로 작동하려면
환경이 갖춰져야 한다는 체계를 설명한다.

유엔은 이러한 복잡한 상호 관계를 이해하고
해결책을 찾기 위해
지속가능발전목표를 수립했다.
17개의 목표는 우리가 직면한 문제들에
체계적으로 접근할 수 있게 해 준다.

이 책은 지속가능발전목표의
케이크 구조로 구성되었다.

PART 1에서 '환경 보호'를,
PART 2에서는 '포용 사회'를,
PART 3에서는 '모두를 위한 경제'를 다루며
케이크를 하나하나 쌓아 올린다.

17개의 목표는 서로 밀접하게
연결되어 영향을 주고받으며,
이를 더 구체화한 169개의 세부목표는 우리가
직면한 지구 환경의 복잡성을 반영하는 동시에
나아가야 할 방향을 제시한다.

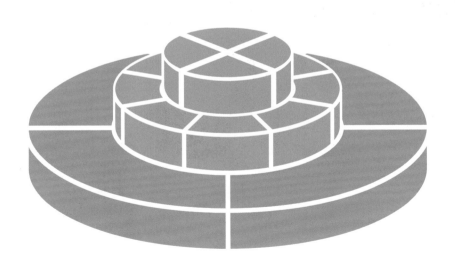

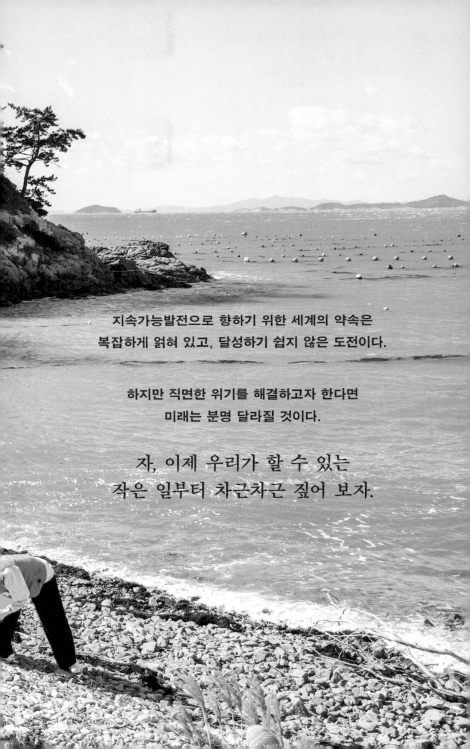

지속가능발전으로 향하기 위한 세계의 약속은
복잡하게 얽혀 있고, 달성하기 쉽지 않은 도전이다.

하지만 직면한 위기를 해결하고자 한다면
미래는 분명 달라질 것이다.

자, 이제 우리가 할 수 있는
작은 일부터 차근차근 짚어 보자.

PART 1

기후위기는
나의 위기

환경 보호

기후위기는 더 이상 저 멀리 북극곰만의
이야기가 아니다. 점심 한 끼, 구매한 옷
한 벌, 산책길에서 만나는 풀 한 포기……
일상의 모든 순간이 환경에 영향을 미치고
그 영향은 다시 우리의 삶으로 돌아온다.
생활 속 작은 실천에서부터
인류가 함께 풀어 가야 할 큰 숙제까지,
오늘의 선택이 지구의 내일이 된다.

ACT NOW 목표

 6 깨끗한 물과 위생

모두가 깨끗한 물과 위생을
이용할 수 있게 하고 지속가능하게 관리하기

 13 기후변화 대응

기후변화와 그 영향에 맞서기 위해
긴급히 대응하기

 14 해양 생태계 보호

지속가능발전을 위해 대양, 바다, 해양 자원을
보전하고 지속가능하게 이용하기

 15 육상 생태계 보호

육상 생태계 보호·복원 및 지속가능한 이용,
산림의 지속가능한 관리, 사막화 방지 및
토지 황폐화 중지·회복, 생물 다양성 손실 중단하기

기후 관련 재해에
대한 회복력과
적응력 높이기
13-1

전 세계 식량 폐기물
절반으로 줄이기
12-3

지속가능한 식품
생산 시스템
구축하기
2-4

슬기로운 저탄소 밥상

#제철 없는 밥상

'오늘 점심에는 뭘 먹지?'

하루 삼시 세끼, 끼니를 챙기는 문제는 늘 고민이다. 한식, 양식, 중식, 일식, 분식······ 수많은 선택지가 떠오르지만 한참 생각 끝에 먹게 되는 음식은 항상 비슷했다. 밥 아니면 면에 고기 식재료를 쓴 메인 반찬, 거기에 채소를 조금 곁들이는 정도랄까? 고기를 튀기고 굽고 볶아서 소스를 듬뿍 곁들이면 그날 한 끼도 잘 해결한 듯한 느낌이 든다.

이렇게 매일의 식탁에 오르는 소고기, 돼지고기, 닭고기, 칵테일 새우 등의 식재료들은 이제 식품이라기보다 '제품'에 가깝게 느껴진다. 만들어지는 과정은 전혀 모르는 채 이미 가공된 상태로 우리 앞에 진열되고, 그중 마음에 드는 크기와 종류를 골라 장바구니에 넣는 행위만을 남기기 때문이다. 일정한 품질을 유지하며 생산되는 공장식 축산 또는 양식 제품들은 어느 순간부터 제철의 의미를 잊게 했다.

이런 공장식 제품에 익숙해져 있던 몇 년 전, 마당에서 닭을 키우게 되었다. 그때 암탉이 매일 알을 낳지 않는다는 것을 처음 알았다. 닭이 다섯 있으면 매일 다섯 개의 알이 생기겠거니 기대했지만, 닭들은 춥거나 더우면, 비가 오고 바람이 불면, 닭장에 싸움이 일어나거나 옆집 공사 소리가 시끄러우면 알을 낳지 않았다. 알을 낳는 것이 단순히 달걀을 '생산'하는 것이 아니라 새로운 생명을 잉태하고 또 다음 세대로 이어 주는 일임을 그간 잊어버렸던 거다.

텃밭 옆 참나무 기둥에서 기르는 표고버섯도 마찬가지다. 추위나 가뭄이 덮칠 때는 자라는 법이 없다. 날씨와 기온에 따라 삐뚤빼뚤 개성 넘치는 모습을 했고, 그 모습에서 치열한 생명력을 느낄 수 있었다. 표고버섯이라는 생명이 생장하기 적합한 계절이 있다는 것을 그제서야 알았다. 날 때를 기다리다 마침내 따서 먹은 표고버섯은 신기하게도 향이 진하고 맛이 깊었다. 그렇게 시간의 흐름을 담은 먹거리들은 자연스럽게 그것들이 생태계의 일부라는 사실을 일깨워 주었다.

요즘 먹거리에서는 생명의 리듬을 찾아볼 수 없다. 햇빛과 바람, 땅의 시간을 담아내는 농업에서조차 제철을 잊어버린 듯하다. 계절에 따라 자연스럽게 변화하던 먹거리들은 자연에서 떨어져 나와 이제 일률적으로 찍혀 나온다. 계절 구분 없이 언제나 먹을 수 있는 과일, 햇빛과 바람과 영양을 모두 제어해 제품을 생산하는 스마트 농장, 해를 넘겨 새로 뿌릴 종자를 남기는 대신 매년 봄에 구매하는 '씨 없는 식물' 등. 어느새 다양성과 계절은 사라지고 거대 자본에 의해 획일화된 농업만이 남았다. 생태계와 단절된 먹거리를 취하다 보니, 내가 생태계의 일부라는 사실도 자꾸 잊는다. 마치 편리한 공장식 제품이 언제든지 무한하게 생산될 수 있다는 착각에 빠지게 된다.

농부는 씨앗을 세 개 심는다고 한다. 하나는 땅의 벌레가 먹을 것, 다른 하나는 하늘의 새가 먹을 것, 나머지 하나는 농부가 먹고 다음 해에 심을 것. 그런데 이제는 씨앗을 세 개나 심을 필요가 없다. 농약과 살충제를 뿌리고, 새가 접근할 수 없도록 비닐 막과 하우스를 치면 그만이다. 내년 농사를 위해 씨앗을 따로 보관할 필요도 없다. 수확한 작물은 모두 시장에 내다 팔면 그뿐이다. 심지어 풍년이 들어 값이 떨어지면 먹거나 팔지 않고 밭을 엎어 버린다. 우리의 식탁과 생태계의 연결은 점점 느슨해지고 있다. 자연의 변화를 잊은 식탁은 언제까지 지속될 수 있을까?

'제철 없는 밥상'은 생태계 파괴에 일조하는 밥상이기도 하다. 식탁에 오르는 먹거리를 환경 측면에서 하나하나 따지다 보면, 건전하고 윤리적이고 건강한 먹거리라는 게 존재하긴 하는지 막막해진다. 매일의 끼니가 지구에 어마어마한 영향을 미친다는 걸 알아도, 탄소발자국을 줄이는 식생활을 실천하는 건 여전히 멀게만 느껴진다. 그래서 찾아보고 공부해 봤다. 탄소 배출을 줄이면서 잘 먹고 잘 사는 방법. 이름하여 저탄소 식생활!

◆ 탄소발자국이 적은 먹거리를 먹자!

지구 가열화*의 주된 원인인 온실가스 중 80% 이상을 차지하는 것이 바로 이산화탄소다. 먹거리를 생산하고, 유통하고, 조리하는 모든 과정은 필연적으로 온실가스를 배출하면서 탄소발자국을 남기게 된다. 먹거리마다 탄소발자국의 크기는 다르지만, 일반적으로 육식이 채식보다 훨씬 많은 탄소를 배출한다.

옆의 그래프에서 확인할 수 있듯, 1kg의 소고기를 얻기 위해 발생하는 이산화탄소는 같은 양의 바나나를 생산할 때보다 74.5배 더 많다. 똑같이 1kg을 먹었을 때 제공하는 열량은 바나나보다 겨우 2.8배 많은 것을 생각하면, 소고기

---

* 지구 온난화의 바뀐 말로, 심각한 현실을 일깨우기 위해 사용된다.

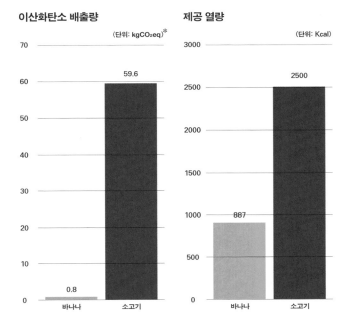

이산화탄소 배출량

(단위: kgCO₂eq)[*]

제공 열량

(단위: Kcal)

는 환경적 측면에서 효율성이 매우 떨어지는 식품이다.[1]

◆ 지역 먹거리를 먹자!

지역 먹거리는 어떤 이웃이 생산했는지 알 수 있는 '얼굴 있는 먹거리'로, 소비자에게 건강하고 안전한 먹거리가 된다. 그 먹거리를 지역 내에서 소비함으로써 지역 먹거리 생산자 소득이 안정된다는 이점도 있다. 특히 지역의 소규모

---

* 이산화탄소 환산량(CO₂eq)은 메탄, 아산화질소 등의 여러 온실가스를 이산화탄소 양으로 환산한 단위다. 대기 중 온실가스의 대부분을 차지하는 이산화탄소를 기준으로 단위를 통일함으로써, 온실가스가 환경에 미치는 영향을 한눈에 비교할 수 있게 한다.

생산자인 가족농, 고령, 여성 농업인에게 안정적인 판로를 마련해 주는 등 지역 사회의 경제·사회적 가치를 창출해 낸다.

국제 과학 저널 《네이처 푸드》의 연구에 따르면, 세계의 온실가스 전체 배출량 중 30%가 먹거리 시스템에서 발생하며, 전체 온실가스의 6%(먹거리 시스템 내에서는 19%)가 식량 운송 과정에서 배출된다. 세계적으로 연간 약 30억 톤에 달하는 탄소가 식품 운송 과정에서 배출되고 있는데, 냉장 보관이 필요한 과일과 채소 등이 그 배출량의 3분의 1을 차지한다.[2] 그러니 운송 거리를 줄이고 현지에서 생산한 식품을 소비하면 식품의 지속가능성을 높이고, 기후위기를 해결하는 방법이 될 것이라고 한다.

◆ 적당히 먹자!

산업 사회에서 수많은 물건이 '대량 생산→대량 소비→대량 폐기'의 선형 구조를 따르듯 식량도 그러하다. 많은 먹거리를 생산하고, 필요 이상으로 먹고, 남은 먹거리는 음식물 쓰레기로 버리는 상태가 계속되고 있다. 생산된 식량의 40%가 버려지고 있으며 이 음식물들을 폐기하기까지 전체 탄소 배출량의 8%가 배출된다.[3]

그렇다면 이제는 적정한 양의 먹거리를 건강하게 생산하고, 필요한 만큼만 섭취하고, 음식물 쓰레기는 최소한만 남기는 노력이 필요하지 않을까? '더 먹기 위해 토하듯이' 먹던 로마 시대의 사치스러운 식생활은 이제 멈춰 보자.

'내가 먹는 것이 바로 나'라는 말처럼, 어떤 먹거리를 어떻게 먹을지 고민하는 것은 어쩌면 '나는 어떤 삶을 살고 싶은가? 어떤 사람이 되고 싶은가?' 묻는 일일지도 모르겠다. 매일 마주하는 밥상 위에 지구의 환경·사회·경제가 압축되어 차려진다. 이 지구에서 잘 먹고 잘 살고 싶다면 내게 주어진 하루 세 번의 기회를 슬기롭게 써 보자.

안전하고 영양가
있는 식품에 대한
보편적 접근성
높이기
2-1

호응성, 포용성,
대표성 있는
의사 결정 보장하기
16-7

맛있는 채식을 찾아서

> #채식은 괜찮아요, 매운 거 못 먹는 게 더 큰 문제지

"제가 비건을 지향하는 것을 알고 계셨어요? 알았다면 그 이유를 무엇이라고 추측하셨는지도 궁금해요." 주문한 음식이 나오기를 기다리면서 회사 동료들에게 짧은 질문을 던져 보았다.

"지난번에 간 샐러드 바에서 고기 토핑 없이 유부와 콩고기를 드실 때 알았어요." 비교적 최근부터 함께 일하게 된 팀장님은 그 식당에 다시 방문하셨을 때 내가 했던 것처럼 콩고기를 올려 두부 볼을 주문해 드셨다고 한다. "맛도 괜찮고 일단 속이 편하잖아요. 그런 이점 때문에 채식 위주로

먹는다고 생각했어요. 게다가 평소에 환경 실천도 하시니까 그것도 이유겠거니 했어요."

내가 먹은 것을 보고 비건 메뉴를 도전하신 것도 흥미로 웠지만, '비건 지향 식습관이 다른 환경 실천들과 연계되어 있겠거니 추측했다.'는 이야기가 특히나 마음에 와닿았다. 나의 의식주 생활 면면에는 추구하는 삶의 방향이 녹아 있고, 그 방향으로 조화롭게 가고 있다고 말을 건네는 것 같았다.

"비건 지향하는 거, 고기보다는 채식을 더 좋아한다고 이야기해서 알고 있었어요." 질문에 답해 준 또 다른 이는 나와 함께 몇 년간 일하고, 밥 먹고, 이야기를 나눈 동료다. 그는 내가 무소유의 삶을 추구한다고 느끼는데, 그 바탕에 자연과 환경에 관한 관심이 깔려 있다고 생각했단다. 비건 지향인과 함께 식사하면서 혹시 불편한 것은 없었느냐고 묻자, 오랜 동료는 "개인의 취향 차이일 뿐이지, 채식을 선호하는 사람에게 왜 고기를 안 먹느냐고 강요할 수는 없다고 생각해요."라며, 우리 사회에서 고기보다는 '매운 음식'을 못 먹는 게 더 불편할 수 있다고 덧붙였다.

들고 보니 그랬다. 지난 몇 년간 그와 함께 식사 메뉴를 고를 때 늘 문제가 됐던 것은 채식이냐 육식이냐가 아닌 '맵기의 정도'였다. 내가 먹을 수 있을 법한 맵기의 음식을 함께 찾고 고르는 일. 상대의 입맛을 배려하는 지인들에게는 비건 지향은 전혀 문제가 되지 않았다. 함께 먹거리를 나누는 '식구(食口)'는 어쩌면 믿고 편하게 밥을 먹을 수 있을 만큼의 가까운 사이를 의미하는 말일지도 모르겠다. 산해진미가 나와도 불편한 사람과의 식사는 입이 꺼끌거리고 속이 더부룩해지는 고문 같다. 하지만 식구들과는 소소하고 소박한 음식이라도 맛있고 행복한 추억이 된다. 입맛과 취향, 신념을 설명하지 않았는데도 이렇게 나의 선택을 존중하는 '식구'들과 함께 먹어서 그런가, 시래기 솥밥이 오늘따라 더 달큼하고 구수하다.

#가공식품도 비건이면 괜찮아?

'음? 지점토인가?' 비건 모차렐라 치즈를 처음 한 입 베어 물었을 때의 감상이다. 낯선 식재료라 그런가? 베어 문 치즈를 씹으려고 노력하면 할수록 도저히 삼킬 엄두가 나지 않아 결국 뱉어 내고 말았다. 잇자국이 선명히 남은 치즈를 요리해 먹고 싶지도 않았다. 생애 처음 접한 비건 치즈는 그렇게 마지막 경험이 되었다.

나는 '자연 채식 위주의 식사'를 추구하지만, 엄격한 비건은 아니고 플렉시테리언 혹은 비덩*에 가깝다. 이는 주로 채식을 하지만 때에 따라 육식도 허용하는 식생활이다.

---

* 非-(고기)덩어리 주의자. 고기의 섭취를 지양하지만 육수, 젓갈, 잘게 다져 걸러 내기 어려운 고기 등 덩어리가 아닌 고기는 허용하는 채식주의자를 일컫는다.

육식을 허용한다고 해서 모든 육식에 열려 있는 것은 아니다. 이른바 불맛이 가미된 식품을 피하고, 햄, 소시지, 베이컨 등 가공육을 특히 지양한다. 또한 자연 채식을 즐기지만 균형을 우선으로 하기 때문에 스트레스를 받을 때면 나타나는 '과일 폭식'도 자제하려고 한다.

이런 식습관 때문에, 어떤 음식을 좋아하느냐는 질문에는 마땅한 음식을 꼽기 어려워하면서도 무엇을 싫어하느냐고 물으면 술술 답할 수 있다. 간단히 꼽자면 회, 초밥, 육회 등의 날 육식과 굴, 홍합 등의 어패류가 있다. 그리고 꼭 빠지지 않는 것이 바로 앞서 언급한 가공육을 포함한 가공식품이다. 인공적인 식품들은 체질적으로 맞지 않아 더욱 피하게 된다.

그런데 가공식품을 먹지 말아야겠다고 다짐할수록 '가공식품'을 자꾸 생각하게 된다. 가공육은 여러 차례 두드러기를 겪으며 이제 관심이 사그라졌지만, 비건 가공식품은 왠지 괜찮을 것만 같다. 비건 달걀, 치킨, 패티, 치즈…… 맛과 향, 식감은 어떻고, 어떤 재료로 만들게 되었을지 궁금증이 머리에서 떠나질 않는다. 이런 호기심이 잊지 못할 실패의 경험을 여럿 만들기도 했다.

지금까지 접한 비건 가공식품 중에는 아쉽게도 내 입맛에 맞지 않는 것들이 많았다. 인공적인 식재료에 대한 거부감이 큰 데다가, 육식의 맛과 식감을 그대로 재현하려는 시도가 오히려 부자연스럽게 느껴졌다. 물론 비건 가공식품은 친숙한 맛과 형태로 채식의 문턱을 낮춰 주려는 좋은 취지로 만들어진 것이 대부분이다. 그렇기에 나 또한 비건 가공식품에 대한 호기심을 누르기 힘들었다. 하지만 궁극적으로는 가공을 최대한 거치지 않은, 자연 그대로의 채소와 과일, 곡물을 있는 그대로 즐기는 식탁을 꿈꾼다.

#콩 한 쪽을 나눠 먹어도, 먹는 즐거움을 놓치지 말자

누군가에게 채식 식단을 강요하는 식탁을 말하는 게 아니다. 지구의 한계 안에서 최대한 많은 사람이 과일, 채소, 콩류, 견과류 등 영양가 있는 식품을 오래도록 나눠 먹는 것을 바랄 뿐이다. 그리고 이 바람이 충분히 현실적이라고 믿고 있다.

실제로 우리에겐 지구상의 농지를 더 확장하지 않고도 최소 90억 명에게 영양가 있는 건강 식단을 제공할 공간이 이미 존재한다. 또한, 기후변화에 관한 정부 간 협의체(IPCC)의 2022년 보고서에 따르면, 세포 발효, 배양육, 동물성 기반 식품을 대체할 식물성 식품, 환경 제어 농업 등 온실가스 배출량을 대폭 줄일 수 있는 신흥 식량 생산 기술들이 탄생하고 있다.[4]

공장식 축산, 생명에 대한 존중, 환경적 영향 등 '육식'을 지양해야 할 이유를 알고 실천하는 것은 중요하다. 하지만 육식을 피하는 것보다 영양을 갖추면서 제철에 맞는 건강한 채식을 어떻게 할지 고민하는 것에 먼저 집중하고 싶다. 입술과 손끝을 보랏빛으로 물들이는 오디, 목이 막힐 듯 한입 가득 먹어야 더 맛있는 군밤, 양쪽 꼭지를 톡톡 따서 먹는 삶은 풋콩. 계절마다 떠오르는 먹거리들의 이야기와 맛을 음미하며 적당히 먹는 즐거움을 지구상 모든 이와 나누고 싶다.

폐기물 발생을
대폭 감축하기
12-5

노동권을 보호하고
안전한 일터 만들기
8-8

비움으로 채우는 옷장

#미니멀리즘 게임, 스타트!

어느 겨울날, 눈을 뜨고 잠들 때까지 사용한 물건의 개수를 세어 보았다. 요리도 하지 않고 거의 방 안에만 있느라 만진 물건이 별로 없는데도 총 49개의 물건을 사용했다. 부모님 세대에서는 600개, 조부모님 세대에서 200개, 심지어 증조부모님 세대에서는 57개의 물건만으로도 살림을 꾸렸다는데,[5] 사람들이 입을 모아 참 단출하게 산다고 하는 내가 고작 하루 동안 사용한 물건만 해도 거의 50개에 달한다. 대체 나는 얼마나 많은 물건을 소유하고 사는 걸까?

2016년 블로그를 시작하면서 내 삶에서 1,000가지 군더더기를 비워 알맹이만 남겨 보겠다는 계획을 세웠다. 여기서 삶의 군더더기는 단순히 물건을 말하는 게 아니다. 화장품이나 샴푸 같은 화학 제품, 낭비되는 대기 전력, 건강하지 않은 식단 등 일상의 행동과 습관 전반을 의미한다. 대충 헤아려 보니 제로 웨이스트 실천 8년 차인 지금까지 980가지 군더더기와 4,850가지의 물건을 덜어 냈다.

잡동사니를 덜어 내는 데는 미니멀리즘 게임이 제격이었다. 미니멀리즘 게임이란 '비움의 달'을 정해 30일 동안 총 465개의 물건을 비우는 게임이다. 1일 차에 한 개, 2일 차에 두 개⋯⋯ 이런 식으로 해서 30일 차에는 하루에만 무려 30개 잡동사니를 정리할 수 있다. 기한을 정해 두지 않고 1,000개의 물건을 비우는 '1,000개 비우기'도 해 보고, 한 달 동안 30개의 플라스틱 잡동사니만 골라서 비우기도 했다.

그렇게 많이 비우고, 버리고, 나누고, 썼는데도 여전히 나는 많은 물건을 지니고 살아간다. 사용하는 물건에 책임감을 가지고, 그 물건의 쓸모를 자주 고민하면서 결국에는 알맹이만 남기는 일을 앞으로도 계속 해 나갈 것이다. 어느 날 생의 마지막 날이 닥쳤을 때, 정리해 두지 못한 짐을 잔뜩 남기고 떠나지 않길 바라며 오늘도 느리지만 조금씩 삶의 군더더기를 정리하고 비워 간다.

나는 사계절을 30여 벌의 옷으로 난다. 거기에 봄가을 모자 장갑 각각 1개, 신발 7켤레(운동화 2, 등산화 1, 장화 1, 샌들 1, 구두 2), 가방 4개를 더하면 총 40여 개가 된다. 의복 개수를 줄이며 변화가 적은 옷장을 만들기까지 꽤 오랜 시간이 걸렸다. 처음 110개가 넘는 옷들로 차 있던 옷장을 3분의 1로 줄이기 위해 가장 먼저 한 일은 평소 무슨 옷을 입는지 사진을 찍어 기록하는 것이었다.

옷장은 항상 빼곡히 차 있는데, 입을 만한 옷은 늘 없었다. 분명 내가 맘에 들어 산 옷들인데 왜 어떤 옷들은 자리만 차지하고 있을까? 사진으로 기록해 보니 이유를 명확하게 알 수 있었다. 손이 가지 않는 옷들은 예쁘지만 불편하거나, 체형이 변해 맞지 않거나, 불편한 소재로 만들어졌거나, 다른 옷과 어울리지 않았다.

천천히 입지 않는 옷을 걸러 내고, 손이 안 가는 옷에 대한 미련을 버리는 일을 계절이 바뀔 때마다 반복했다. 그렇게 비우다 보니 점차 자주 입는 옷만 남긴 옷장이 만들어졌다. 남아 있는 옷들은 내가 보기에 소재도 좋고, 색상도 예쁘고, 디자인도 다른 것들과 두루두루 어울렸다. 비로소 나의 '취향'이 담긴 옷장을 꾸리게 된 것이다.

　하지만 여기서 끝나지 않았다. 안 입는 옷을 덜어 냈는데도 여전히 옷장은 미완성이었다. 나이가 들면서 체형이 변하고, 필요한 옷의 종류도 달라졌기 때문이다. 격식을 갖춰 참석해야 하는 자리가 많이 생기면서 새 옷을 들일 결심을 했고, 나의 고민은 생활한복으로 좁혀졌다. 생활한복은 공식적인 자리부터 일상적인 모임까지 언제나 입을 수 있는 데다가 편안하고, 체형 변화에 맞춰 조절할 수 있으며, 불필요한 부자재가 없고, 합성 소재보다 천연 소재를 더 많이 사용한다. 국내에서 제작한 로컬 의류라는 점까지 평소 내 신념과 꼭 맞아떨어진다.

　이처럼 고민을 담은 옷장을 꾸리다 보니 선호하는 옷에 대한 기준도 명확해지고, 나와 잘 맞고 어울리는 것들도 자연스레 알게 되었다. 복잡한 기준을 거쳐 남은 옷들은 마음에 쏙 들 수밖에 없다. 원래 옷장에 있던 것처럼 자연스럽게 입을 수 있는 새 옷들 또한 아주 오랫동안 나와 함께할 듯하다. 마흔 벌로 채워진 단순한 옷장은 세월이 흐르고 상황이 달라지면서 조금씩 변화하겠지만, 어느새 나와 닮아 있을 것이다. 그렇게 옷장과 나는 자연스럽게 나이 드는 과정도 함께하고 있다.

  나와 닮은 옷장을 찾는 여정을 통해 옷이 우리 삶에서 갖는 의미를 되새기면서 현대 사회는 옷을 어떻게 대하고 있는지 궁금해졌다. 그 일례로 KBS 다큐멘터리 「환경스페셜-옷을 위한 지구는 없다」는 패션 산업의 어두운 실상을 적나라하게 보여 준다. 우리는 한 해 1000억 벌의 옷이 새로 만들어지고, 그중 330억 벌이 같은 해에 버려지고 있는 '울트라 패스트 패션' 시대를 살아간다. 패스트 패션 업계는 소비자의 다양한 취향과 유행에 즉시 대응하는 빠른 생산과 유통을 이점으로 내세운다.

  하지만 트렌디하다는 말과 가장 맞닿아 있는 말이 바로 '진부함'이라 했던가. 오늘의 유행이 금방 내일의 구식이 되는 일이 빈번한 이 빠른 순환 속에서, 심각한 문제들 또한 급격히 발생하고 있다. 옷을 대량 생산하는 과정에서 강물은 오염되고, 버려진 옷들은 초원을 뒤덮으며 생태계를 위협한다.[6] 더불어 노동 착취와 열악한 근무 환경, 쓰레기 처리, 저작권의 침해 등 다양한 윤리적·환경적 문제가 패스트 패션의 그림자로 존재한다.

  "검소하나 누추하지 않고, 화려하나 사치스럽지 않다." 『삼국사기』에서는 세련된 백제의 문화가 이렇게 설명된다. 단순히 옷에 대한 설명이 아니라, 선조들의 문화와 멋에 관한 깊은 가치관을 보여 주는 말이다. 반면 지금의 패션 산업은 많은 제품을 빠르게 생산하고 저렴하게 유통하는 데 집중한 나머지, 이런 가치관과는 점점 멀어지고 있는 듯하다. 이제는 이면의 문제를 돌아봐야 하지 않을까? 문화와 멋을 담고, 노동의 가치를 존중하며, 환경적 영향을 고려하는 옷을 만들기 위해서는 필연적으로 시간과 돈이 든다. 그러한 느린 패션을, 검소하면서도 멋을 담은 옷을 추구해야 할 때다.

ACT NOW 도움말

- 새로운 옷을 사기 전에 옷장 속 잠들어 있는 옷들부터 살펴보자. 사고 나서 상표도 떼지 않은 옷이나 한 번도 입지 않은 옷이 얼마나 있는지 확인하고, 며칠간 외출할 때마다 입은 옷을 사진으로 남겨 보면 자주 입는 옷과 그렇지 않은 옷이 더 명확해진다. 이렇게 정리를 마친 후에 새 옷을 구입하면 불필요한 소비를 줄일 수 있다.
- 안 입는 옷들은 중고 거래 앱을 활용해 정리해 보자. '리클(Recl)'은 성인 의류 20점 이상을 일괄적으로 매입하고, '판다 헤이(PANDA HEY)'는 얼룩, 단추 유무, 색바램 등 옷의 상태를 꼼꼼히 확인하여 매입한다. 옷 상태에 따라 적절한 앱을 사용하면 된다.
- 친구들과 헌 옷 교환 파티를 열어 보자. '다시입다연구소'의 '21% 파티'처럼 말이다. 이는 옷을 구매하고 입지 않는 비율이 평균 21%라는 조사 결과에서 착안한 이름으로, 매년 4월 누구나 호스트가 되어 파티를 열 수 있다. 내게 필요 없는 옷이 누군가에게는 새로운 옷이 될 수 있다.

산림 생태계
보존하기
15-4

벌채를 막고
황폐해진 산림
복원하기
15-2

누구나 이용할 수
있고 안전한 녹지와
공공장소 만들기
11-7

어싱(Earthing)!
맨발로 동네 숲 산책

#동네 숲으로 산책을 나가면

자동차 소리가 멀어지고, 어느새 사람들의 소리도 아득해진다. 동네 숲 산책 시간에서 제일 좋아하는 순간이다. 숲길로 발걸음을 내딛을수록 도시의 소음이 잦아들고 자연의 소리가 들리기 시작한다.

툭, 투둑. 붉게 물든 낙엽이 땅에 닿는 소리.

뾰로로롱, 찌르르르르. 어디에 있는지도 알 수 없는 이름 모를 풀벌레 소리.

데구르르 톡. 모자를 잃어버리고 매끈한 몸만 굴러온 도토리가 떨어지는 소리.

자연의 분주한 소리에 이끌려 숲의 깊숙한 곳으로 발걸음이 바빠진다.

한때는 방치되어 쓰러진 나무가 즐비하고 등산길조차 찾기 어려웠던 동네 산이 '영흥 숲 공원'으로 새롭게 태어났다. 이 숲의 역사는 한국전쟁 때로 거슬러 올라간다. 전쟁으로 훼손되었던 이곳은 1960년대 치산녹화사업으로 재생되었다. 녹화사업 당시에는 인공림을 조성하기 위해 생장이 빠른 아까시나무가 주로 심어졌다. 생각해 보면 10여 년 전에는 산에 아까시나무가 지천이었고, 꽃이 피는 시기에는 그 향기가 온 동네를 감싸곤 했다. 그리고 시간이 지나 아까시나무들이 이제는 상수리나무, 갈참나무로 이어지며 생태적 천이*가 진행되고 있다. 신갈나무도 그 자리를 차지하게 되면서 숲은 점점 다채롭게 변화하는 중이다. 이렇게 다양한 나무가 어우러져 건강한 숲이 만들어지는 과정을 간섭하지 않고 그저 바라보는 일, 그것이 나의 숲 산책의 묘미다.

---

* 천이(遷移, Succession)란 생태계가 시간이 지나면서 변화하는 과정이다. 처음에는 빈 땅에 잡초나 작은 식물이 자라기 시작하고, 이후에는 더 큰 나무들이 자라면서 숲이 형성된다. 이 과정은 여러 단계로 진행되며, 각 단계마다 자생 식물과 동물들이 점차 다양해지고 숲의 구조가 복잡해진다. 결국 안정된 숲 생태계가 완성된다.

#지구와 가장 가까워지는 시간

산책을 하다 숲길에 들어서면 신발을 벗고 맨발로 바닥의 흙과 야자 매트를 딛곤 한다. 그렇게 지구와 가장 가까이 닿는 일을 어싱(Earthing)이라고 부른다. 요즘은 맨발 등산을 하는 사람들이 부쩍 늘어서, 신발을 벗고 걷는 것이 예전만큼 부담스럽지 않다. 신발이 없을 뿐인데 복잡하던 머릿속은 비워지고 묘한 자유가 느껴진다. 어느새 내딛는 발걸음, 땅의 감촉, 스치는 바람과 나무만 남는다. 갑자기 쏟아진 비를 우산 없이 흠뻑 맞는 일이나 햇볕을 온몸으로 느끼는 일처럼, 자연과 직접 접촉하며 교감하는 경험은 우리에게 해방감을 준다.

맨발이 아니라도 동네 숲이나 캠퍼스를 거닐 때 마주치는 생명체들을 조금 더 찬찬히 바라보려고 한다. 최근에는 '지구의 옷'이라는 뜻을 가진 지의류*를 가까이서 들여다보는 취미가 생겼다. 가로수에 붙어 있는 회색 동그라미, 석상에 새겨진 무늬, 암각화가 있는 돌에 알록달록 빨간빛 노란빛 연둣빛으로 핀 꽃. 이끼처럼 보이지만 지의류는 곰팡이와 조류(藻類)가 공생하는 복합 생명체로, 지구의 거의 모든 환경에 적응해서 잘 자란다.[7]

---

* 지의류(地衣類)는 환경 오염의 지표로 사용되며, 다양한 색상과 형태로 자연에서 중요한 생태적 역할을 한다. 곰팡이가 조류의 광합성 산물을 이용하고, 조류는 곰팡이로부터 수분과 미네랄을 얻는 방식으로 서로 도움을 준다.

　숲이 갈색으로 뒤덮이는 겨울철, 특히 비 온 다음 날에는 지의류의 생생함이 더 눈에 띈다. 지구의 옷이라는 적절하고 귀여운 이름에 반하고, 주변에서 흔히 볼 수 있는데도 그간 알아채지 못했다는 것에 마음이 더 쓰이는 생명체다. 생태 도감을 한참 살펴봐도 아직 지의류의 이름을 맞추기는 어렵지만, 앞으로 오랫동안 가까이 바라볼 존재를 만났다.

#지구 사랑도 내 마음 챙김부터

　환경 공부와 친환경 생활의 실천. 지구에서 함께 잘 살아가기 위한 길을 모색하는 일은 대체로 보람차지만, 때론 지치기도 한다. 거대한 환경 문제를 과연 나의 작은 바스락거림으로 해결할 수 있을까? 더딘 변화에 비해 빠르고 무섭게 닥치는 환경 위기 앞에서 무력감과 좌절감을 느끼기도 하고, 잠시 회피해 버리기도 한다. 그렇게 물에 젖은 휴지처럼 방바닥에 착 달라붙어 있고 싶어지면 우선 나른하게 퍼진 마음을 그대로 둔다. 그러다가 배가 고프고 세상 돌아가는 일도 궁금해지고 발가락이 꼼지락거릴 기운도 나면 조용히 숲으로 향한다. 산책하면서 차분히 마음을 비우고 나면 조금 더 나아갈 기운이 솟아난다.

일본 교토의 절에서 만난 한 스님이 하셨던 말씀이 생각난다. "걸을 보(步)의 한자를 보면 두 한자가 합쳐져 있어요. 멈출 지(止) 아래에 적을 소(少)를 쓰죠. 얼마간, 잠시간 멈춰야 계속 걸을 수 있다는 뜻입니다." 잠시 멈춰서 다시 걸을 힘을 얻어 가기에 숲은 참 좋은 충전소다.

ACT NOW 도움말

- 더 활동적으로 생활하자. 점심시간에 산책하거나 자전거로 출퇴근하자. 산책하면 심리적 고립감과 우울감을 줄이고, 인지 기능을 유지할 수 있다.
- 산책 코스에 있는 나무, 풀, 지의류 등 생물을 정해 두고 꾸준히 살펴보자. 계절에 따라 어떻게 변하는지, 꽃은 언제 피는지, 나무는 얼마나 자라고 있는지 생명의 생생함을 느끼면 산책이 훨씬 즐거워진다.
  : '네이처링', '루카(경기생물다양성탐사)', 'iNaturalist' 어플을 이용하면 생물 다양성을 관찰하기 편리하다. '루카'는 생물종의 정확한 구별을 위한 사진 촬영 요령까지 제공한다.

생물 다양성과
자연 서식지
보호하기
15-5

누구나 이용할 수
있고 안전한 녹지와
공공장소 만들기
11-7

생물 다양성을 생각하다

#우리 동네 생물 다양성 모니터링

우리 집 옆에 벚꽃 터널이 만들어졌다. 왕벚나무를 심은 지 20년이 훌쩍 지나자 평범한 도로가 꽃길이 된 것이다. 봄바람에 흩날리는 벚꽃잎을 따라 걷다 보면 색색으로 물든 공원에 다다른다. 산수유, 개나리, 진달래, 살구꽃, 배꽃, 앵두꽃이 팝콘처럼 꽃망울을 터뜨리고 사람들 입에서는 감탄사가 터져 나온다. 공원 입구 사철나무의 새순은 얼마나 연하고 보들보들해 보이는지, 바쁘게 움직이던 발걸음을 멈추고 슬쩍 새잎을 만져 보게 된다. 손끝에 닿는 자연, 생명, 계절에 괜히 마음이 몽글몽글하다.

동네 도서관으로 걸어가는 길에는 배롱나무, 단풍나무, 모과나무, 사철나무 등 다양한 나무가 심어진 또 다른 공원이 있다. 봄이면 새들이 찾아들고, 여름이면 매미 소리로 마을이 쩌렁쩌렁 울린다. 매미 울음소리를 가만히 듣고 있으면 여러 소리가 뒤섞여 있다는 것을 깨닫게 된다. "맴맴맴맴" 하고 울다가 "미"하고 높은음으로 마무리하는 소리는 참매미, "쐐~~~~애애애애애"는 말매미, "주르르 삐유 주르르 삐유삐유삐유" 하고 새처럼 우는 소리는 애매미다. 시끄럽기만 하던 매미 소리인데, 귀를 기울여 저마다의 목소리와 이름을 알게 되니 조금은 정겹게 느껴진다.

매미 소리를 구분할 수 있게 되니 궁금증이 피어났다. 우리 주변에는 얼마나 다양한 생물이 함께 살고 있을까? 그들의 이름은 무엇이며, 어떤 소리를 내고 무엇을 먹고 살까? 틈날 때마다 함께 살아가는 생물들을 들여다보고 질문을 던지는 것, 동네의 생물 다양성을 모니터링하는 첫걸음이다.

#멸종 위기 동물의 아이러니

생물 다양성(Biodiversity)이란 지구에서 생존하는 모든 종의 다양성, 이들이 서식하는 생태계의 다양성, 또는 생물이 지닌 유전자의 다양성을 모두 포괄하는 개념이다. 지구를 건강하게 유지하려면 생물 다양성이 확보되어야 한다.

하지만 인간의 경제 활동으로 생태계가 심각하게 파괴되고 생물 다양성이 급격히 감소하고 있다. 전문가들은 현재 멸종 위기종의 수가 6500만 년 전 공룡을 사라지게 했던 다섯 번째 대멸종*과 비슷한 규모라고 경고한다.[8]

국제자연보전연맹(IUCN)은 '위기의 속도', '개체의 크기', '지질학 분포 지역', '개체와 분포의 정도'를 기준으로 생물종을 멸종 위험 정도에 따라 아홉 개 그룹으로 분류하고, 야생에서 절멸할 가능성이 높은 그룹은 '멸종 위기종'으로 분류해 특별히 보호한다. 우리나라도 2021년부터 4월 1일을 '멸종위기종의 날'로 지정하여 멸종 위기에 처한 생물을 보호하기 위해 노력하고 있다.

그런데 같은 멸종 위기종이어도 하늘과 땅처럼 서로 다른 대접을 받는 동물들이 있다. 전 세계에 약 2,500개체만 남은 멸종 위기종 자이언트 판다는 '판다 공동 번식'이라는 이름으로 연평균 50만 달러에 임대된다. 우리나라에 임대되었던 푸바오는 탄생부터 성장기까지 매일 중계되었고, 동물원으로 출퇴근하는 모습을 직접 보기 위한 관람객 줄이 길게 늘어설 정도로 선풍적인 인기를 끌었다. 그렇지만 푸바오 가족에게 쏟아지는 관심이 멸종 위기종 보호에 도움이 되고 있는지, 경제적 이익을 위한 상품으로 소비되고만 있는 것은 아닌지 의문이 든다.

---

* 지구상의 많은 생물 종이 짧은 기간에 대량으로 사라지는 현상. 대기 변화, 화산 활동, 소행성 충돌 등 다양한 원인으로 발생하며, 이로 인해 생태계가 크게 변화하게 된다.

반면, 고라니는 자연보전연맹에 등록된 멸종 위기종이지만, 우리나라에서는 '유해야생동물'로 분류되어 개체 수를 조절당하고 있다. 인간의 농사를 망친다는 이유로 다른 보호 방법은 고려되지 않은 채 삼 분마다 한 마리씩 총에 맞아 죽는 셈이다.[9]

#생태계와 나의 연결 고리

고라니뿐만 아니라 멸절을 바로 앞에 두고 있는 수많은 야생 생물이 무관심 속에서 사라져 간다. 자연 생태계 속 생물들은 서로 복잡하게 얽혀 거미줄처럼 생명의 그물망을 만들고, 그 연결 고리가 약해지면 생태계 전체가 무너지게 된다. 예를 들어, 꿀벌이 멸종하면 딸기, 참외, 수박 같은 과채류를 얻기 어렵고, 투구게가 사라지면 그 피를 이용해 만들었던 바이러스 치료 백신을 얻기 힘들다. 우리가 미처 생각하지 못한 곳에서도 자연은 우리 삶을 지탱한다. 생태계가 완전히 망가지기 전에 관심을 가져야 하는 이유가 여기에 있다.

우리나라만 해도 2024년 현재 282종의 멸종 위기종 야생 생물이 법으로 지정되어 있다.(포유류 20종, 조류 69종, 양서류 4종, 파충류 4종, 어류 29종, 곤충류 29종, 무척추동물 32종, 육상식물 92종, 해조류 2종, 고등균류 1종) 그들의 '멸종'을 막으려면 무엇을 해야 할지 고민해 보자. 먼저 멸종 위기종의 이름을 알아보는 것은 어떨까. 수원청개구리, 장수하늘소, 나팔고둥, 검독수리, 반달가슴곰, 남방동사리…… 나는 틈 날 때마다 이들의 이름을 조그맣게 읊곤 한다. 나아가, 지역의 숲을 포함한 자연 서식지가 무분별한 개발로 파괴되는 건 아닌지, 야생 조류가 충돌하는 투명 유리 벽이 있진 않은지 구체적인 관심을 기울이기도 한다. 인간과 야생 생물의 공존은 이런 꾸준한 노력에서 시작한다.

ACT NOW 도움말

- 멸종 위기종으로 만든 제품을 절대 사지 말자. 국외 여행에서 무심코 사는 기념품 중에는 '멸종 위기에 처한 야생 동·식물종 국제 거래에 관한 협약(CITES)'을 어기는 물건이 있을 수 있다. 살아 있는 동식물은 물론 산호나 상아로 만든 장식품, 호랑이, 뱀, 악어 등의 가죽이 포함된 제품, 사향, 영양각 등 약재가 바로 그런 제품이다.
- 일상에서 멸종 위기 동물에 대한 관심을 표현하자. 국립공원공단에서는 멸종 위기에 처한 반달가슴곰을 모티브로 만든 '국립공원 반달이', '국립공원 꼬미' 글꼴을 무료로 배포하고 있다. 이 글꼴을 두루 사용하며 주변에 알려 보자.
- 잡초를 함부로 뽑지 말자. 식물 종류가 다양할수록 병충해에 강하기 때문에, 이름 모를 식물들도 뽑지 않고 두는 편이 생물 다양성 증진에 도움이 된다.
- 공원과 정원에 여러 가지 식물을 심자. 쓰레기 매립장이었던 난지도는 다채로운 식물들이 있는 공원들로 거듭났다. 그중 노을 공원에서는 '1천 명의 나무 심는 개미들' 활동을 통해 누구나 풀 정리, 나무 돌보기, 나무 심기 활동에 직접 참여할 수 있다. 울산의 태화강 국가 정원 등도 공원을 함께 가꾸는 프로그램을 운영한다.
- 농산물 직거래 장터에서 먹거리를 사 먹자. 토종 씨앗, 전통 먹거리, 유기농 먹거리를 사면 생물 다양성을 보전에 도움이 될 수 있다.

벌채를 막고
황폐해진 산림
복원하기
15-2

물과 관련된
생태계를 보호하고
복원하기
6-6

모든 산업과
인프라를 지속가능
하게 개선하기
9-4

커뮤니티 포레스트

#숲을 닮은 사람들

　캐나다의 산속 깊숙이 자리한 해롭(Harrop)과 프록터 (Procter) 마을은 인구 800명 규모의 작은 공동체다. 이 마을에 발을 들이는 순간 울창한 숲이 가장 먼저 우리를 반겼다. 산과 숲에 둘러싸인 이곳의 공기는 맑고 깨끗해서 숨을 들이쉴 때마다 폐부가 시원해졌다.

　지역을 안내해 주기로 한 사람에게 전화를 걸어 어디로 가야 하는지 묻자 그는 그저 카페로 오라는 말만 했다. 정확한 주소를 물어보아도, 도로를 따라오다 보면 보이는 버드나무 옆에 있다는 알쏭달쏭한 안내뿐이었다. 마을에는 카페가 딱 하나뿐이라 쉽게 찾을 수 있을 것이라는 말을 덧붙이며 이내 전화가 끊겼다.

정말이었다. 인적 드문 구불구불한 산길과 하천 옆 도로를 따라가다 보니 긴 가지를 늘어뜨린 버드나무가 눈에 들어왔고, 그 옆에 마을 주민들이 모여 있는 유일한 카페가 있었다. 그곳에서 안내자 브리타와 인사를 나눈 후 함께 마을을 둘러보며 이 독특한 공동체의 사람들과 그들을 둘러싼 자연을 만났다.

마을 제재소에서 일하는 데이비드, 퍼머컬처 교육 농장을 운영하는 나오미, 해롭-프록터 공동체 협동조합에서 숲을 관리하는 에릭……. 생기 있게 눈동자를 빛내며 숲과 공생하는 일상을 소개하는 목소리가 어찌나 여유 있으면서도 활기차던지. 마을에서 만난 이들은 모두 숲을 닮아 있었다. 자연과 하나처럼 어우러진 그들의 삶이 부러워서, 퇴비도 농약도 없는 유기농 농장을 가꾸는 일이 벅차 사람을 고용할 예정이라는 나오미의 이야기에 나는 그만 손을 번쩍 들어버렸다.

#생태 도감에서만 보던 지의류가 지천에!

해롭-프록터의 숲을 거닐다 보면 감탄이 절로 나오는 순간들이 계속 이어진다. 그중에서도 가장 놀라웠던 것은 숲

해롭-프록터 숲에서 만난 지의류들. 왼쪽은 엽상지의, 오른쪽은 수지상지의다.

길을 따라 늘어선 나무에 빼곡이 자리 잡은 지의류들이었다. 지구의 옷을 멋지게 입고 있는 나무와 바위의 모습을 카메라로 바쁘게 기록했다.

"오, 수지상지의*도 있네. 이건 생태 도감에서만 봤는데!"

우리 동네의 생물 다양성을 모니터링할 때도 갖가지 생명체를 발견하곤 했지만, 이 숲은 차원이 달랐다. 사람의 입맛에 맞춰 심어진 화려하지만 연약한 식물들이 아니라, 켜켜이 쌓인 세월과 생명력이 그대로 느껴지는 다부진 숲이었다.

공동체가 정성스레 관리하고 있어 맑은 계곡물이 흐르고, 나무가 제멋대로 울창해 어떤 야생 생물과 만나도 이상하지 않을 공간이 펼쳐져 있었다. 마을로 오는 길에 도로변에서 만난 사슴의 보금자리도 아마 이 근처가 아닐까? 어쩌면 곰을 마주칠지도 모르겠다는 생경한 두려움마저 들 정도였다.

나는 그저 잠깐 들러 작은 환호성을 지르며 지의류 사진

---

* 수지상지의(樹枝狀地衣, Fruticose lichens)는 나뭇가지 모양으로 자라는 지의류 중 하나다. 지의체가 수직이나 비스듬한 형태로 서거나 때로는 늘어지듯 자란다.

을 찍고 떠나는 이방인에 불과했지만, 그 순간만큼은 이 숲의 일부분이 된 듯했다. 숲을 나오는 길에는 벌목된 나무 둥치에서 새롭게 자라나는 어린 나무를 발견했다. 생명의 순환과 생태계의 복원력을 실감하는 동화 같은 시간이었다.

#인간과 자연을 위한 지속가능한 숲 공동체

사실 이 마을과 숲에는 특별한 사연이 있다. 캐나다 브리티시 컬럼비아 주의 이 울창한 숲은 특이하게도 지역 공동체 협동조합이 벌채권과 벌목권을 보유하고 있다. 해롭-프록터 공동체가 협동조합으로 숲의 관리권을 획득하게 된 것은 1999년부터인데, 이는 캐나다에서도 전례가 없는 실험이었다.

그동안 공유림의 소유권은 주로 민간 기업에 판매되었다. 그런데 일부 기업의 무분별한 벌채로 숲이 민둥산이 되어 버렸다. 벌목의 편의성만을 고려해 아주 작은 나무까지 모조리 베어 버리고 나니 숲은 황폐화되었다. 산사태가 빈번해지고, 생태계가 무너지고, 산불에 더욱 취약해지는 등 심각한 부작용이 나타났다.

캐나다의 광활한 산림들은 그 규모가 워낙 방대해서 관리에 어려움이 많이 따른다. 건조한 여름이면 번개로 인한 자연 산불과 인공 산불이 겹쳐 발생하는데, 이를 진압하기

란 거의 불가능해서 불이 저절로 꺼지기를 기다려야만 하는 상황이 종종 벌어진다. 더욱이 숲을 밀어 버린 후 일괄적으로 심어진 어린 나무들은 산불에 불쏘시개 역할을 했다. 큰 나무들이 뿌리에 저장하고 있던 수분도 없어졌으니 비가 오지 않으면 작은 식물들은 금세 말라 죽어 버렸다.

이러한 문제를 해결하고 산림과 물 자원을 지속가능하게 관리하기 위해서는 책임감과 주인 의식을 가진 관리자가 필요했다. 그리고 그런 역할을 맡기에 가장 적합한 존재가 바로 '지역 공동체'였다. 그 땅에 뿌리내리고 살아온 사람들은 아름다운 숲 생태계를 진심으로 대하는 사람들이었기 때문이다.

그들은 앞뒤 재지 않고 산을 벌목하는 대신, 쓰러질 위험이 있거나 너무 빽빽하게 자라 정리가 필요한 나무들만 골라냈다. 그 틈에 새로운 나무들이 다시 자랄 수 있었고, 벌목한 목재는 마을에서 여러 용도로 사용되었다. 이처럼 숲의 자원을 활용하면서도 생태계 자체는 보존하는 균형 잡힌 접근법은 산불 예방에도 효과적이었다. 기후위기로 인해 산불의 위험이 점점 커지는 오늘날, 이 마을 공동체는 생태계를 보호하면서도 지역 경제를 활성화하는 조화로운 인간-자연 공동체를 선보이고 있다.

모두를 위한
지속가능한 도시
만들기
11-3

사막화를
방지하고 황폐해진
땅 복원하기
15-3

100년 후, 고향에서 살 수 있을까?

#이름을 잃어버린 마을

　동네 아파트 단지 이름이 바뀌었다. "○○ 에듀파크"로,
또 반대편 아파트는 "○○ 센트럴파크뷰"로. 청명산 자락의
'청명 마을', 봉황의 형상을 닮았다는 '황골 마을'과 같이 마
을의 정취가 느껴졌던 이름들은 이제 찾아보기 어렵다. 25년
전 도시 계획으로 산과 계곡, 들판은 이미 공동 주택 단지와
상업 시설로 탈바꿈한 지 오래지만, 옛 이름들은 희미하게
나마 지역의 정체성을 이어 주는 가느다란 끈이었다.

　요즘 아파트들은 경쟁이라도 하듯 긴 외국어의 조합으로
이름을 바꿔 가고 있다. 숲을 뜻하는 '포레', 공원을 뜻하는

'파크', 강을 뜻하는 '리버'처럼 인근 환경을 나타내거나, '에 듀', '퍼스트'처럼 학군이나 특징을 강조하는 단어를 붙이는 식이다. 여기에 주변 역 이름, 건설사 이름, 브랜드 펫네임*까 지 더해지며 스무 자에 달하는 이름도 심심치 않게 등장하 고 있다. 도로명 주소에다 상세 주소를 읊으려면 숨이 찰 지 경이다. 바뀐 이름들은 그 지역의 역사나 특성을 전혀 반영 하지 못한 채, 단지 상품으로서의 가치만을 강조할 뿐이다. 그렇게 우리는 의미와 이름을 잃은 마을에서 살아가고 있다.

#짧은 도시의 생애: 촌에서 신도시, 신도시에서 다시 '노후계획도시'로

수원 영통구는 인구 36만 명이 사는 도시지만, 30년 전만 해도 이곳은 논과 밭 그리고 산밖에 없는 지역이었다. 영통 이 지금의 번화한 신도시의 모습을 갖춘 것은 1997년 '영통 지구 도시 개발' 이후다. 개발되기 전에는 거의 용인에 붙어 있어서 수원시로 구분되지도 않았던 지역 '영통'에 대해 수 원 토박이 친구들은 비슷한 이야기를 한다. "비가 오는 날 에 영통에 사는 친구들은 학교에 결석하거나 지각해도 혼 나지 않을 정도로, 영통은 시골 마을이었지." 25년 전 신도 시가 된 우리 동네도 한때는 청명산 자락이나 황골로 가는

---

* Pet Name. 일반적으로 애칭을 의미하는데, 최근 건설사들이 아파트의 개성을 돋보이게 하려고 붙이는 특별한 명칭을 의미한다.

작은 마을이 있던 곳이었을까?

'신도시'라는 이름으로 많은 아파트 단지를 찍어 냈던 것이 불과 30여 년 전인데, 신도시 중 108곳은 '노후(老朽)계획도시'로 이름이 바뀌어 버렸다. 1기 신도시 특별법으로 불리는 '노후계획도시 정비 및 지원에 관한 특별법'에 따르면, 조성 후 20년 이상 경과하고 100만㎡ 이상인 지역을 노후계획도시로 지정한다.

100년은커녕 20년만 지나도 '노후 도시'라니, 도시가 제구실을 하지 못할 정도로 그렇게 낡고 오래되었단 말인가. 장난감 블록을 갈아 끼우듯 기존의 도시를 철거하고 새로운 도시를 뚝딱 만드는 식의 도시 개발 계획은 누굴 위한 것일까? 촌에서 신도시로, 신도시에서 다시 헌 도시가 되는 데는 겨우 30년의 시간이 걸렸다. 도시의 수명은 사람의 반도 되질 않는다.

#사람과 자연의 터전은 어디에 있는가

내가 태어난 동네는 수원천 인근에 있다. '본적'이라는 이름으로 나의 서류 맨 위에 기록된 그곳은 수원의 원도심에 가까운 동네였다. 수원 화성 팔달문 인근의 주택가로 가는 길은 골목이 굽이굽이 이어졌고, 시멘트 담벼락들 사이에 제법 큰 목련 나무가 있었다. 자전거의 보조 바퀴를 처음 떼고 넘어질 듯 달렸던 집 근처 비탈길, 동네 또래 친구들과 '밟으면 죽는다' 놀이를 하느라 열심히 피해 다니던 목련꽃이 떨어진 골목길, 고양이를 따라 걸어가다 발을 헛디뎌 떨어졌던 하천 자갈밭. 파편 같이 어렴풋한 기억으로 남아 있던 동네는 몇 해 전 '구도심 재개발'을 명목으로 사라졌다. 그렇게 나의 고향은 이제 찾을 수 없는 역사 속 공간이 되었다.

이런 경험은 비단 나만의 것이 아니다. 도시 개발의 물결 속에서 많은 이들이 고향을 잃어 갔다. 도시는 살아 있는 유기체처럼 성장하고 쇠퇴하며 끊임없이 변화하고, 그 과정에서 도시의 물리적 요소와 사회 생태적 요소는 시간에 따라 복잡하게 반응한다. 그러나 급격한 도시 개발 과정에서 우리는 자연스러운 변화를 받아들일 틈도 없이 삶의 터전을 잃어 가고 있는 듯하다.

높은 빌딩은 사람의 터전뿐 아니라 자연의 공간까지 빼앗았다. 작년 여름 장마로 며칠 내내 비가 오자 집 근처 공원에서 맹꽁이 우는 소리가 들려 왔다. 베란다 창문으로 애절히 울리는 '맹-'과 '꽁-'의 합주를 듣고 있자니 이 도시가 인간만의 도시가 아니라는 사실이 새삼스럽게 느껴졌다. 마을 이름을 잃고 고향이 통째로 사라져 버려 황망한 것은 나보다도 자연의 다른 이웃들일 것이다. 그 땅에 자리 잡은 사람과 자연을 '너무나 쉽게' 다른 곳으로 이주시키면 된다는 관점은 아무도 행복하게 만들 수 없다.

우리는 도시 개발이라는 목적성 앞에서 너무 많은 것을 잃어버렸는지도 모른다. 지역의 역사, 문화, 그리고 자연과의 공존. 이 모든 것들이 현대적 편의성과 경제적 가치 앞에서 쉽게 무시되어 왔다. 하지만 진정한 의미의 발전은 빌딩을 올리고 도로를 뚫는 데 급급해 하며 다른 가치를 간과하는 것을 의미하지 않는다. 그러한 태도의 개발이 계속된다면, 과연 우리는 100년 후에도 대를 이어 고향에서 살 수 있을까? 아니, 그때도 우리가 '고향'이라고 부를 수 있는 곳이 남아 있기는 할까?

해양의 오염을
예방하고 줄이기
14-1

세계의 문화유산과
자연유산 보호하기
11-4

쓰레기 줍는 여행

#여행의 의미를 찾아서

나는 여행을 그리 즐기지 않는 사람이었다. 일단 비행기 연료로 인한 온실가스를 만드는 데 굳이 동참하고 싶지 않아 국외 여행은 꺼려진다.(언젠가 무동력 크루즈나 태양광 요트, 혹은 육로 대중교통으로 국외로 나갈 수 있는 방법이 생긴다면 모를까.) 국내에서 맛집 탐방을 하기에는 가리는 음식도 많고, 대단한 미식가도 못 된다. 풍경 사진을 찍는 건 몰라도 내가 찍히는 데는 영 관심이 없는 통에 인생 사진을 건질 수 있다는 명소도 구미가 당기지 않는다. 식도락 여행에도 흥, 출사에도 흥, 이렇듯 대부분의 여행 코스에 관심이 없으니 '나는 별로 여행을 좋아하지 않는 사람인가 보다.'라고 믿고 살고 있었다.

휴일이면 방에 콕 박혀 잠을 자다가 때때로 책을 읽거나 영화를 봤다. 주 5일을 꼬박 일하니 쉬기만 하는 시간도 필요하긴 했지만, 아무것도 하지 않는 시간이 어느 순간 지루하게 느껴졌다. 정적인 생활에서 벗어나 다양한 경험을 하고 싶어졌고, 곧이어 마음 한구석에 여행에 대한 갈망이 조금씩 자리 잡기 시작했다.

그러다 나의 라이프 스타일과 연결되는 여행법을 찾았다. 주말, 연차, 여름휴가에 떠나는 국내 걷기 여행, 이름하여 '쓰레기 줍는 여행'이다. 여행지에서 걷다가 쓰레기를 줍는 여행을 뜻하지만, 때로는 쓰레기 줍기를 주된 목적으로 설정해 일부러 떠나기도 하는 여행이다. 『제로 웨이스트는 처음인데요』에서 썼듯 "쓰레기는 어디에나 있다. 마찬가지로 쓰레기를 없애는 노력도 어디서나 가능하다."[10] 쓰레기 줍는 여행도 마찬가지다. 세상은 넓고, 줍기를 기다리고 있는 쓰레기도 널려 있다!

#국립공원 자원봉사 여행

쓰레기 줍는 여행을 떠나야겠다고 마음먹고 첫 번째로 한 일은 볼런투어 여행지를 검색하는 것이었다. 볼런투어는 자원 활동을 뜻하는 '볼런티어(Volunteer)'와 여행의 '투어 (Tour)'가 합쳐진 단어로 '자원봉사하는 여행'을 말한다. 마침 우리나라 국립공원에서는 자원봉사자를 상시 모집하여 활동할 수 있도록 돕고 있다. 대중교통으로 부담 없이 오갈 수 있는 북한산을 첫 여행지로 정하고, 틈날 때마다 일기예보를 살피며 등산하기 좋은 날을 골랐다.

집에서 북한산 정릉 탐방 안내소까지는 지하철을 타고 1시간 30분이면 도착할 수 있다. 먼저 북한산 국립공원사무소에서 간단한 안내를 받고, 지급된 생분해 봉투에 쓰레기를 주워 담기 시작했다. 산을 오르기 전 인근 채식 식당에서 버섯 카레로 배를 가득 채우고 출발하니 든든하고 힘이 솟았다. 하지만 그때는 몰랐다. 등산 전에는 과식하면 안 된다는 사실을. 쓰레기를 주우러 본격적으로 떠나는 여행은 처음이라 설렘과 기대감에 휩싸여 많은 것을 생각하지 못한 것이다. 쓰레기봉투를 들고 눈에 불을 켜고 걷다가 이상함을 느낀 것은 산 중턱쯤에서였다.

등산로는 예상보다 깨끗하게 관리되고 있어 쓰레기가 적은 편이었다. 사탕 껍질, 간식 봉지 등 작은 쓰레기를 줍느라 허리와 다리를 몇 번이나 굽혔다 펴며 산을 오르니 한겨울인데도 땀이 뚝뚝 떨어졌다. 추울까 봐 롱패딩에 털모자까지 중무장하고 왔는데, 어쩐지 나처럼 두껍게 입은 사람이 없더라니. 게다가 과식으로 속이 더부룩하기까지 했다. 그렇게 땀 흘리며 쓰레기를 줍고 있는 나를 보고 많은 분이

"수고하십니다."라며 격려와 응원의 말을 건네 주셨다. 속이 좀 불편하고 옷이 무거워 힘들긴 했지만 응원의 목소리를 들어서 그런지 발걸음도, 들고 있는 쓰레기도 가벼웠다.

첫 쓰레기 줍기 여행을 마무리하고 돌아오는 길에는 자원봉사와 여행을 겸하기에 딱인 국립공원, 둘레길, 올레길 등 다음 목적지를 물색했다. 환경 정화를 하면서 아름다운 자연을 내 손으로 깨끗하게 만들 수 있는 곳이라면 어디라도 좋다.

#쓰레기 주우러 섬까지 간다?

길거리, 공원, 동네 산, 국립공원, 해변 그리고 하천까지, 어디서든 쓰레기를 주울 수 있지만, 특히 자연 경관이 멋진 곳에서 쓰레기를 줍는 기분은 남다르다. 깨끗이 치우고 나면 그곳 풍경을 더 돋보이게 바꾼 것 같아 뿌듯하기 때문이다. 그런데 요즘 자주 산책하는 공원은 멋진 만큼이나 관리가 잘 되어 있어서 쓰레기가 눈에 띄지 않는다. 쓰레기가 없는 건 분명 다행인 일인데 손과 마음이 허전한 기분은 어찌할 도리가 없다. 이러한 갈증을 해소하고 싶던 차에, 눈살을 찌푸릴 만큼 많은 쓰레기를 한 번에 치울 수 있는 아주 특별한 여행을 발견했다.

섬마을봉사연합*이라는 비영리단체는 매달 세 번째 주말에 '섬'에서 정기적인 봉사 활동을 진행한다. 이 단체를 알게 된 지는 벌써 몇 년이 지났지만, 팬데믹으로 여행이 어렵거나, 내 일정과 맞지 않거나, 선착순 신청에 늦어 버리는 등여러 이유로 함께하지는 못한 채 SNS 소식만 지켜보던 참이었다. 그러다가 10월, 전라남도 완도에 있는 섬 '노화도' 정기 봉사 행사가 열렸다. 땅끝항 여객선 터미널까지 가는 길은 멀겠지만, 꼭 경험해 보고 싶었던 활동이었고 일정도 맞아떨어져 드디어 참여하게 되었다.

노화도의 작은 해변의 쓰레기를 줍고 나니 포대에 담은 쓰레기만 481.1kg. 밀물에 떠밀려 오는 육지 쓰레기(생활 쓰레기)와 양식장 물품, 그물 등 어업 쓰레기까지, 끊임없이 밀려오는 엄청난 쓰레기에 허전한 마음이 완전히 충전되었다. 게다가 해변을 깨끗이 치운 후에도 밀물이 쓰레기를 가득 안고 오는 바람에 심심할 틈이 없었다. 자, 그럼 다음 섬 여행은 어디로 가 볼까? 다음 계획을 세우다 보니 귀갓길이 짧게만 느껴졌다.

---

* 지금은 섬즈업으로 이름을 바꾸었다. 인스타그램 주소는 @seomsup

- 1365 자원봉사포털(1365.go.kr)의 '봉사참여' 페이지에서 '환경보호' 분야의 자원봉사 활동을 검색하면 전국 곳곳의 봉사 활동을 찾을 수 있다. 함께 활동할 동네 사람들도 만날 수 있고 봉사 활동 시간도 인정받을 수 있다.

- 전국 23개 국립공원에서 볼런투어를 즐겨 보자. 18곳의 산악형 공원(북한산, 태백산, 지리산 등), 4곳의 해상·해안형 공원(변산반도, 한려해상 등), 사적형 공원(경주)까지 자연과 문화 유적을 온몸으로 느껴 보자. '국립공원자원봉사' 홈페이지(volunteer.knps.or.kr)에서 신청할 수 있다.

- 전국의 '걷기 여행길'을 걸으며 쓰레기를 주워 보자. '두루누비' 홈페이지(durunubi.kr)에서 여행 정보를 확인할 수 있다. 약 4,500km의 '코리아둘레길'에는 해파랑길, 남파랑길, DMZ 평화의 길 등 다양한 코스가 있다. 어반스케치 트레킹, 반려견과 함께 걷기 여행 등 테마 프로그램도 운영한다.

- 숲 해설, 문화 해설을 받으며 지역의 자연 정화 활동에 참여해 보자. 바다에서는 플로깅과 프리다이빙을 겸하는 '플로빙' 활동으로 해양 정화에 동참할 수 있다.

해양 생태계
보호하고 복원하기
14-2

물과 위생 개선을
위한 지역 공동체의
참여 지원하기
6-B

세계보건기구의
담배 규제 협약
이행하기
3-A

비설거지를 아시나요?

#나의 바다는 내 발끝에서 시작된다

벌써 몇 년 전 일이다. 인스타그램에 쓰레기 줍는 사진을 꾸준히 게재하고 있던 내게 한 분이 SNS 메시지를 주셨다. "왜 쓰레기를 줍나요?" '왜' 줍느냐는 질문을 받은 건 처음이라 내심 당황했다. 또 어떤 분들은 쓰레기를 굳이 줍는 행위가 공공 근로자들의 일자리를 빼앗는 것은 아닌지 걱정하기도 한다.

그래서 생각해 보았다. 나는 왜 쓰레기를 주울까?

1. 쓰레기가 거기 있어서

2. 쓰레기 줍는 일이 이미 습관이 되어서

3. 깨끗한 우리 동네 길을 걸으면 기분이 좋아서

4. 쓰레기를 보고 누군가 눈살을 찌푸릴 일을 줄이고, 나처럼 상쾌하고 쾌적한 하루를 보내기를 바라서

5. 쓰레기에 가려 힘들어하던 자연 속 풀, 꽃, 벌레, 동물이 살 만한 곳을 만들어 주는 일이 결국 나의 숨통을 틔우는 일이라고 생각해서

6. 동네 청소를 도맡아 하는 아빠의 멋진 모습을 닮고 싶어서

7. 쓰레기를 줍는 일을 함께하는 동료들이 있어서

8. 제로 웨이스트 일상을 실천하는 데 동기부여가 되어서

9. 환경을 위한 가장 쉬운 실천이라서

10. 10초를 들여 줍지 않는다면, 그 쓰레기가 500년 동안 거기에 남아 있을 수도 있어서

11. 작은 쓰레기 하나로 시작해서 지나가는 사람들의 쓰레기가 더해져 쓰레기 산이 되는 것을 막고 싶어서

12. 환경교육사로서 쓰레기를 줍는 일이 가장 쉽고 강력한 환경교육이라고 믿어서

13. 쓰레기를 줍는 여행 문화가 공원, 산, 바다에서 전국적으로 유행했으면 해서

14. 50년 후 "예전에는 세상이 참 더러웠지."라며 회상하는 할머니가 되고 싶은 나의 꿈에 보탬이 되고 싶어서

15. 쓰레기가 하천과 강에 쌓이고 바다로 흘러가 쓰레기 섬을 더 키우기 전에, 내 발 앞에서 치우는 게 가장 쉬운 방법이라서

이유를 열다섯 가지나 적었지만, 사실 쓰레기 줍기는 특별한 이유를 댈 필요가 없는 나의 습관이자 일상이 되어 버렸다. 만드는 쓰레기는 줄이고 버려진 쓰레기는 치우는 실천을 통해, 개인의 노력이 모여 정책과 문화, 그리고 지구를 바꾸는 기적을 만들어 낼 수 있다고 믿는다. 기후위기를 막을 수 있는 마지막 세대로서 이 일을 조금 더 적극적으로 실천할 뿐이다. 그리고 무엇보다도 '지금, 내 발 앞에 있을 때' 쓰레기를 치우는 게 제일 쉽고 빠르다는 걸 알고 있기 때문이다.

내가 줍지 않은 쓰레기는 바람에 날리고 빗물에 쓸려 하천으로, 강으로, 바다로 떠내려간다. 특히 플라스틱 쓰레기는 썩지 않고 바다에 유입되어 떠돌다가 해류가 모이는 중심 부근에 축적되어 거대한 쓰레기 섬을 형성한다. 그중 가장 큰 규모의 '태평양 거대 쓰레기 지대(Great Pacific Garbage Patch, GPGP)'는 160만km^2 이상으로 한국 면적의 약 16배에 달한다.[11] 네덜란드 환경 단체 '오션클린업(Ocean Cleanup)'의 연구 결과에 따르면 GPGP의 플라스틱 개체 중 94% 이상이 0.5cm보다 작은 미세플라스틱이라 치우기도 쉽지 않다.[12]

이 쓰레기들을 만드는 데에는 거의 모든 세계인이 직·간접적으로 관여하고 있으므로, 국제적으로 힘을 합쳐 문제를 해결할 필요가 있다. 'G20 해양쓰레기 행동 계획'을 합의하고, '해양 플라스틱 쓰레기 행동을 위한 G20 이행 프레임워크'를 수립하는 등 국제적인 움직임이 나타나는 것도 그 때문이다.

우리나라 역시 해양쓰레기 문제에서 자유롭지 않다. 지난 10년간(2011~2020) 우리나라에서 수거된 해양쓰레기는 연평균 90,606톤이다. 특히 전라남도에서 가장 많이 수거되고 있는데, 리아스식 지형이 발달한 서남해는 넓은 갯벌과 2,700여 개 섬이 몰려 있어 밀려드는 해양쓰레기를 처리하는데 골치가 아프다.[13]

이처럼 전 세계가 거대 쓰레기 섬을 치우기 위해 함께 노력하는 와중에 나부터 새로운 쓰레기를 더 늘리고 싶지 않다. 더불어 당장 내 발밑의 쓰레기를 치우는 것이 조금은 도움이 될 것이라고 기대하고 있다. 내 발에 치이는 쓰레기들이 바다에 쓰레기 더미를 만든다면, 나의 바다는 내 발끝에서 시작된다.

#도시의 재난을 막는 비설거지

아빠는 비가 온다는 예보를 들으면 '비설거지' 하느라고 바쁘시다. 마당에 펼쳐 두었던 물건들을 접어 집안에 옮기고, 지붕에 연결된 배수관을 다시금 살핀다. 한여름 볕에 내놓은 고추나 호박, 삶은 고구마 등 먹거리를 말릴 때면 걸음이 빨라진다. 비가 내리기 전에 비에 맞으면 안 되는 물건을 치우거나 덮는 일을 뜻하는 비설거지는 자연과 더불어 사는 살림살이를 위한 우리 집의 필수 루틴이다.

비설거지는 우리 집만이 아니라 도시 전체에 도움이 된다. 특히 투수율이 낮아 집중 호우에 취약한 도시의 빗물받이와 하천은 비설거지가 꼭 필요한 장소다. 빗물받이가 쓰레기나 이물질로 막혀 있으면, 쏟아지는 빗물이 제대로 흘러가지 못해 침수 피해가 발생할 수도 있기 때문이다. 또한 하천에 쌓인 쓰레기는 하천 시설을 막아 홍수를 발생시킬 수 있고, 바다에 흘러가 또 다른 문제를 만든다.

2022년 8월 수도권 집중 호우로 인한 침수 피해의 주요 원인으로 빗물받이 관리 미흡이 지목되었다. 이에 환경부는 막힘없는 빗물받이를 만들기 위해 '빗물받이 청소 주간'을 실시했고, 여러 지자체(지방 자치 단체)에서 '수해 대비 빗물받이 준설공사'를 시행하기도 했다.

빗물받이를 관리하는 일이 결코 쉽지는 않다. 수많은 빗물받이를 관리하려면 막대한 예산이 들고, 쓰레기를 치우는 것보다 버려지는 속도가 빨라 금세 더러워지기 때문이다. 그렇다고 빗물받이를 방치하면 전과 같은 피해가 계속해서 발생하게 된다. 쌓인 담배꽁초, 광고 전단 같은 쓰레기들은 하수도의 메탄가스나 습기와 엉겨 붙어 배수를 방해하고, 침수 속도를 세 배 이상 높인다.[14]

하천 관리 또한 마찬가지다. 지난봄에 정화 활동을 하러 방문한 수원의 황구지천에서는 한 걸음 뗄 때마다 몸을 몇 번이고 굽혀야 할 정도로 쓰레기가 많았다. 열심히 치워도 도시의 쓰레기통이 되어 버린 하천에는 설거짓거리가 여전히 잔뜩 쌓여 있다.

#꽁초 수거함 모니터링

빗물받이와 하천의 쓰레기 더미에서 가장 많이 보이는 것은 바로 담배꽁초다. 국내 연간 소비량의 절반인 320억 개의 담배가 무단으로 길바닥에 버려지고 있다고 하니 그리 놀라운 현상은 아니다.[15] 그런데 담배꽁초는 화재와 침수 피해의 원인이 될 뿐만 아니라, 필터(셀룰로스 아세테이트)에 1만 2000개의 미세플라스틱을 포함하고 있어 자연 분해에 10년 이상 소요되는 최악의 쓰레기다.[16]

이러한 문제를 해결하기 위해 2020년부터 담배에 생산자책임제도가 적용되어, 제조사가 부담하는 꽁초 수거와 처리 비용으로 재활용 사업을 추진하고 있다. 예를 들어 담배꽁초 필터는 깨끗하게 소독해 패딩 충전재로 활용되거나 이를 소각하여 전력을 생산하는 데 이용될 수 있다.

하지만 다른 재활용에 비해 담배꽁초의 지속가능한 재활용 및 처리 과정은 아직 제대로 마련되지 않고 있다. 또한 꽁초 폐기물 부담금 이외에 담배 제조사와 흡연자에 초점을 맞춘 뚜렷한 대책도 미흡하다. 서울시에서는 꽁초 무단

투기 과태료를 최대 20만 원으로 상향하는 방안을 검토하고 있지만, 유럽연합처럼 담배꽁초를 일회용 플라스틱 쓰레기로 규정하거나 미국, 호주, 싱가포르처럼 높은 벌금을 부과하는 등의 적극적인 조치는 아직 취하지 않고 있다.

길거리에서 마주하는 무수한 담배꽁초를 보며 답답한 마음만 가지고 있던 2024년 봄, '쓰줍인'에서 진행한 '서울시 담배꽁초 수거함 및 빗물받이 모니터링'에 참여하게 되었다. 이번 모니터링에서는 '꽁파라치(담배꽁초+파파라치)'가 되어 서울시에 설치된 1,084개 수거함 중 153개를 살펴보았다.

내가 담당한 동대문구에는 총 106개의 꽁초 수거함이 있었고 주로 상권이 발달한 장소나 지하철역 인근에 설치되어 있었다. 식당 등에 설치된 꽁초 수거함은 대체로 깔끔하게 관리되고 있었으나, 그외에 많은 수거함이 철거된 상태였다. 수거함 인근이 쉽게 더러워지면서 민원이 발생했기 때문이라고 한다.

모니터링을 마친 후, 이용에 편리한 흡연 구역의 설정과 효율적인 수거함의 설치, 더불어 길바닥에 꽁초를 버리는 흡연 습관의 개선이 필요하다는 의견을 나누었다. 집으로 돌아가면서 앞으로도 동대문구의 꽁초 수거함은 꾸준히 기록하고 살피기로 마음먹었다. 자주 지나는 길에 꽁초 수거함이 잘 운영되는지, 흡연자와 비흡연자 모두에게 불편함이 없는지도 틈틈이 보려고 한다.

물론 내 눈길 한 번에 도로 위 담배꽁초가 당장 사라지지 않겠지만 더 나은 환경을 만드는 시작점은 될 수 있을 것이라고 믿는다. 소원이 이뤄질 때까지 기도하기에 인디언의 기도는 다 이뤄진다고 했던가. 내 발끝에서 시작되는 작은 실천이 변화를 만들어 낼 것이라는 믿음으로, 나는 인디언의 기도처럼 오늘도 쓰레기를 줍는다.

ACT NOW 도움말

- 막힌 빗물받이를 발견하면 '안전신문고'로 신고해 침수를 예방하자. ① 스마트폰에서 안전신문고 어플을 내려받고 ② '안전신고' 유형에서 '도로, 시설물 파손 및 고장'을 선택해 ③ 사진이나 동영상을 첨부한 후 제출하면 된다. 또한, 누리집(safetyreport.go.kr)이나 각 지자체 민원실을 통해서도 신고 접수를 할 수 있다.
- 해양으로 흘러 들어가 해양 동물을 죽이는 플라스틱 제품 사용을 줄이자. 특히 미세 플라스틱이 들어 있는 치약 등의 생활용품을 사용하지 말자.
- 바다를 보호하는 단체를 후원하고 활동에 동참하자. 환경 감시선 '아틱 선라이즈호'로 해양 환경 변화를 연구하고 알리는 '그린피스', 제주 바다 보호를 위한 안내서인 「제주 해양보호구역 돋보기」를 발행하는 '제주환경운동연합' 등이 있다.
- 산호초를 파괴하는 자외선 차단제를 피하자. 산호초와 해양 생물에 해로운 성분을 없앤 '리프 세이프(Reef safe)' 제품을 선택하자.
- 남획 관련 법률을 준수하자. 바다의 생물은 공짜로 공급받은 자원이 아니다. 치어(어린 생선)나 생선의 알을 먹지 말자.
- 해양 활동에 관한 교육용 DVD와 다큐멘터리를 시청하자.
: 「나의 문어 선생님」(2020), 「미션 블루」(2014), 「수라」(2023), 「씨스피라시」(2021) 등

안전하고 저렴한
식수에 대한
접근성 높이기
6-1

천연자원을 지속
가능하게 관리하고
효율적으로 쓰기
12-2

걱정 없는 수돗물 사용 설명서

#깨끗한 물은 당연하지 않다

수도꼭지를 돌리면 콸콸 쏟아지는 깨끗한 물. 우리는 언제나 이런 물을 당연하게 생각하지만 사실 '당연한 일'은 아니다. 현대 도시에서 기본적인 생활 기반 시설인 '수도'는 고대 도시의 번영에도 아주 필수적인 기술이었다. 고대 페르시아의 지하수로 카나트(Qanat), 2000년 전 지어진 로마의 수로교 퐁 뒤 가르(Pont du Gard) 등 인류는 깨끗한 물을 안정적으로 확보하기 위해 지혜를 모아 왔다.

마시고, 요리하고, 빨래하고, 씻느라 하루에도 수십 번을 이용하는 수돗물이 우리 집까지 오는 데는 생각보다 긴 과정을 거친다. 먼저 강, 호수, 댐, 저수지에서 얻은 물은 착수정에 모아 모래와 같은 큰 입자가 가라앉도록 안정을 시킨다. 이 물에 응집제라는 약품을 섞어 작은 알갱이의 불순물들을 뭉쳐서 걸러 내고, 가라앉을 수 있도록 네 시간 정도 침전지에 둔다. 침전지까지 거친 후에도 남아 있는 미세한 입자들은 여과지의 모래와 자갈층을 통과시켜 거르고, 소량의 염소로 세균 등 미생물을 살균한 후에야 수도관과 배수지를 거쳐 각 집에 도달한다.[17]

이 모든 과정은 눈에 보이지 않을뿐더러 관심 밖의 일이기 때문에 매일 사용하더라도 잘 알 수 없지만, 수돗물에 이상이 생기면 그것은 당장의 위기가 된다. 나부터도 잠깐의 단수에 일상이 흔들리고, 몇 년 전에는 '붉은 수돗물', '녹물', '깔따구' 등의 문제로 많은 사람이 큰 불편을 겪기도 했다. 최악의 가뭄으로 수돗물에서 짠맛이 나고 생수 값은 다섯 배로 치솟았다는 우루과이의 소식을 접하고 나니,[18] 홍수와 가뭄 문제를 동시에 겪는 우리나라에도 그런 일이 닥치지 않을까 걱정이 앞선다.

#믿고 마시는 수돗물을 찾아서

우리나라는 음용 가능한 수질을 유지하기 위해 물 관리 시스템에 큰 비용을 투자하고 있다. 서울시만 해도 한 해

5000억 원이 넘는 금액을 투입했다. 하지만 사람들은 수돗물을 그만큼 많이 마시고 있을까? 2021년 환경부에서 물을 먹을 때 주로 이용하는 방법을 조사한 결과, "수돗물을 그대로 먹거나 끓여서" 먹는다는 답변은 24.3%로, "수돗물에 정수기를 설치해서"(47.5%) 먹는다는 답변의 절반 수준에 불과하다. 심지어 "먹는 샘물(생수)을 구매해서"(27.3%) 먹는 비율에도 미치지 못했다.[19]

1990년대까지만 해도 국내용으로 판매되지 못했던 생수가 이제는 수돗물보다 더 많이 이용되고 있다. 1991년 낙동강 페놀 오염 사태처럼 수돗물 관련 사건 사고가 반복되며 수돗물에 대한 부정적인 인식이 누적된 결과일까?[20] 불안한 마음은 어쩌면 당연하다. 이런 불안감을 해소해 주기 위해 환경부는 '국가상수도정보시스템'의 '우리 동네 상수도 정보'를 통해 취수장과 취수원의 위치, 법정 수질 검사 자료(용존산소량, 총유기탄소량, 수소이온농도 측정값)를 제공한다. 다만 측정값을 알아도 그게 좋다는 건지 나쁘다는 건지 판단하기는 어려워 환경 기준을 따로 찾아보았다.

우리 동네는 용존산소량(DO)은 12.1, 총유기탄소량(TOC)은 1.8로 다음 쪽의 하천수 수질환경 기준표를 참고하면 둘 다 '매우 좋음'. 수소이온농도(pH)는 기준이 세분되어 있지는 않지만 6.5~8.5 사이면 적합한 것으로 판단한다. 우리 동네 상수도도 그 기준 안에 있다.

'우리 동네 상수도 정보'로 지역의 전반적인 수질 확인이

하천수 수질환경 기준표

등급	수소이온농도 (pH)	생물화학적산소요구량 (BOD)	화학적산소요구량 (COD)	총유기탄소량 (TOC)	부유물질량 (SS)	용존산소량 (DO)	총인 (T-P)	대장균군수 (MPN)	
								총대장균군	분원성대장균군
매우좋음	6.5~8.5	1 이하	2 이하	2 이하	25 이하	7.5 이상	0.02 이하	50 이하	10 이하
좋음		2 이하	4 이하	3 이하		5.0 이상	0.04 이하	500 이하	100 이하
약간좋음		3 이하	5 이하	4 이하			0.1 이하	1000 이하	200 이하
보통		5 이하	7 이하	5 이하			0.2 이하	5000 이하	1,000 이하
약간나쁨		8 이하	9 이하	6 이하	100 이하	2.0 이상	0.3 이하	–	–
나쁨		10 이하	11 이하	8 이하	쓰레기 등이 떠 있지 아니할 것		0.5 이하	–	–
매우나쁨	–	10 초과	11 초과	8 초과	–	2.0 미만	0.5 초과	–	–

(출처: 국가수자원관리종합정보시스템)

가능하지만, 건물 배관이나 설비 문제가 얽혀 있으므로 집의 수질을 정확히 알기는 어렵다. 이럴 땐 환경부의 '물사랑누리집'에서 무료로 '수돗물 수질 검사'를 신청해 우리 집의 수돗물 안전을 확인할 수 있다. 수돗물이 정말 마실만 한지 확인받은 후 안심하고 마셔 보면 어떨까?

공개적인 검사와 관리 과정을 거쳐 공급되는 수돗물은 생수보다 더 깨끗하고 안전하며, 미세플라스틱 걱정 없이 마실 수 있다는 장점이 있다. 게다가 수돗물을 마시는 일은 정수기나 생수 대비 700~2,100배 이상 탄소 배출을 줄인다. 1년간 매일 수돗물(500mL)을 마시는 것만으로 30년생 소나무 30그루를 심는 효과를 낼 수 있다.[21] 무엇보다 수돗물은 우리나라에서 복지의 일종이기 때문에 저렴하다. 한 달 수도 요금으로 1L 생수를 몇 병이나 살 수 있을지 생각해 보면 수돗물의 경제적 가치를 실감할 수 있다.

그럼에도 수돗물 특유의 염소 냄새가 부담스럽다면 이렇게 해 보자. 먼저, 아침에 수도꼭지를 열어 밤사이 수도관에 고인 물을 2~3분쯤 틀자.(그 물은 모아서 화분에 물을 주거나 애벌빨래를 할 때 사용할 수 있다.) 다음으로 수돗물을 유리나 사기 용기에 담아 뚜껑을 열고 20~30분 정도 깨끗한 공간에 두면 염소 냄새가 날아간다. 받아 놓은 수돗물에 녹차 티백이나 유자, 오이, 민트, 허브, 숯 등을 넣으면 더욱 맛 좋은 물을 마실 수 있다.[22]

- 누수 문제는 바로바로 해결하자. 수도꼭지 누수로 연간 11,000L 이상이 낭비된다.

- 페인트, 약품 등 독성이 있는 화학 물질을 변기에 버리지 말자. 이는 호수와 강을 오염시키고 해양 생물과 인간의 건강을 해친다.

- 절약, 절약, 또 절약하자. 예를 들어, 음료를 마시고 남은 얼음 조각은 그냥 버리지 말고 화분에 넣자. 세차를 할 땐 물을 재활용하는 세차장을 이용하자.

- 세계 물의 날(3/22)과 화장실의 날(11/19)에는 도움이 필요한 지역에 물을 공급하는 단체를 지원해 보자.
: 옥스팜, 한국희망재단, 월드비전, 유니세프 등이 있다. 특히 옥스팜은 어디서든 물을 정화하는 라이프 세이버 큐브, 질병 확산을 막는 지렁이 화장실, 90% 저렴한 태양광 물펌프 시스템을 지원하는 WaSH 캠페인을 진행하고 있다.

- 물에 관한 책을 읽자. 물이 사회, 경제, 환경에 미치는 영향에 대한 이해를 높일 수 있다.
: 『강 죽이는 사회』, 정수근, 흠영, 2024
『물은 비밀을 알고 있다』, 최종수, 웨일북, 2023
『바다의 고독』, 이용기, 흠영, 2024
『시간과 물에 대하여』, 안드리 스나이어 마그나손, 북하우스, 2020
『우리를 둘러싼 바다』, 레이첼 카슨, 양철북, 2003

화학 물질과
폐기물을 책임감
있게 관리하기
12-4

수질을 개선하고
안전하게 폐수
재활용하기
6-3

유해 화학 물질로
인한 사망과 질병
줄이기
3-9

우체통은 이제 폐의약품을 싣고

#우체통의 새로운 용도

　학교 입구에 있는 빨간 우체통에 어떤 스티커가 붙어 있
다는 것을 눈치챈 것은 작년 11월의 일이다. 다른 동네의 우
체통에서도 나의 눈길을 끌었던 그 스티커는 바로 '폐의약
품 우체통 회수' 안내 스티커였다. 우편을 보내는 일이 점차
줄어 예전만큼 쓰임이 많지 않은 우체통이 폐의약품 수거
기능을 겸하게 된 것이다. 안 그래도 더 이상 먹지 않는 폐
의약품을 일반 소각용 종량제 쓰레기봉투에 버리자니 찝찝
했는데, 잘 됐다!

알고 보니 서울시는 2023년 7월부터 우체국과 협업해 우체통을 활용한 폐의약품을 수거 사업을 시행하고 있었다. 이 서비스 덕에 전보다 훨씬 편리하게 폐의약품을 배출할 수 있게 되었다. 물약을 제외한 알약이나 가루약은 밀봉해 전용 회수 봉투(주민센터에서 배부) 혹은 겉면에 '폐의약품'이라고 표기한 종이봉투에 담아 언제든지 우체통에 넣으면 된다. 수거함이 있는 공공기관이 문을 닫는 휴일이나 업무 외 시간에도 언제나 폐의약품을 처리할 수 있고, 회수 체계가 잘 구축되어 지자체가 더욱 안전하게 관리할 수 있게 되었다. 거기다가 우체통 구조상 다른 사람이 버린 약품을 가져가서 오남용하지 못하도록 예방할 수 있다는 이점도 있지 않은가.

#폐의약품 처리 사업

폐의약품은 일상에서 흔하게 발생하지만, 이를 처리하는 데는 특별한 주의가 필요하다. 유효기간이 지났거나 더 이상 복용하지 않아 남은 약들은 단순한 쓰레기가 아닌 생활계 유해 폐기물로 분류되어, 반드시 정해진 수거 장소에 배출해 소각되어야 한다. 함부로 버리면 약의 성분이 토양, 지하수, 하천에 유입되어 환경 오염을 일으키고 생태계를 교란할 수 있기 때문이다.

문제의 심각성을 인지한 환경부는 2008년부터 약국에 폐의약품 수거함을 설치하는 사업을 시작했다. 2017년부터는 폐의약품 사업 관리를 지자체에서 맡게 되었고, 수거되는 폐의약품의 양이 346톤에서 415톤(2021년)으로 꾸준히 증가하는 추세다.[23]

그렇게 전국 약국의 절반 이상에 폐의약품 수거함이 설치되었지만, 여전히 해결해야 할 과제가 남아 있었다. 농어촌 지역에서는 수거 장소가 없거나 너무 멀리 있어 접근성이 떨어지는 문제가 있었고, 일부 지역에서는 지자체가 수거함에 모인 폐의약품을 빨리 수거하지 않아 약국에서 폐의약품 받기를 꺼리는 경우가 발생했기 때문이다.

이러한 불편함 때문에 여전히 많은 사람이 폐의약품을 적절한 방식으로 처리하지 못하고 있었다. 약국이나 보건소에 반환하기보다는 일반 쓰레기로 배출하거나 하수구·변기에 버리는 일이 빈번했다.

최근 도입된 폐의약품의 우체통 회수는 이를 개선하는 좋은 방안이다. 서울시에 이어 세종시에서도 우편 서비스를 활용해 폐의약품을 수거한 결과, 수거량은 두 배로 늘고 수거 비용은 92%나 감소했다.[24]

전보다 편리한 서비스가 전국에 확대되고 있는 건 다행이지만, 부수적인 비용과 쓰레기를 줄이려면 필요한 만큼 처방을 받고 알맞게 복용하는 것이 가장 중요하다. 그럼에도 버리게 되는 의약품이 생긴다면, '바르게' 버리는 것을 꼭 기억하자. 다만, 종량제 봉투에 버리면 되는 지역, 우체통 회수가 가능한 지역, 약국과 보건소 등 수거 장소에 반환해야 하는 지역…… 아직은 지역마다 처리 방식이 제각각이다. 통일된 가이드라인을 마련해 혼란을 줄이고 인식을 확대하는 일이 필요하다.

#사용한 주사기: 마약과 의료 폐기물

폐의약품의 적절한 처리와 더불어, 마약이 공공연한 사회 문제가 된 유럽, 캐나다, 미국에서는 '사용한 주사기' 관리에도 세심한 주의를 기울이고 있다. 'Sharps', 'Sharp Waste'(날카로운 의료 폐기물)라고 불리는 재사용 주사기는 인체 면역 결핍 바이러스(HIV), B형/C형 간염 바이러스 등 혈액 매개 질환을 옮길 수 있기 때문이다. 유럽, 미국에서는 주사기가 재사용되거나 잘못 이용되지 않도록 별도의 수거함을 두고 있으며, 2022년 연수차 방문했던 캐나다의 공중화장실에서도 수거함을 쉽게 찾아볼 수 있었다.

마약으로 인해 심각한 사회 문제가 지속되자 일부 국가에서는 더욱 적극적인 방식으로 대처하고 있다. 정부 차원에서 '마약 주사방'을 운영해 마약 중독자들에게 깨끗한 주사기를 제공하는 것이다. 이 정책은 단순히 마약을 범죄로 처벌하는 사후 대응에서 한 걸음 나아가, 중독자들이 상대적으로 안전한 환경에서 마약을 투약할 수 있도록 해서 더러운 주사기 사용이 초래할 위험을 예방한다. 전문가 상담 창구도 마련하여 극단적인 단약이나 처벌만으로 치료가 어려운 이들의 과다 투약을 막고 건강 손상을 최소화하는 데 도움을 준다.

이처럼 의료 폐기물이 생태계와 공중보건에 미치는 영향이 커지면서 다양한 해결책이 모색되고 있다. 카이스트에서 개발한 '재사용 불가능 주삿바늘'이 대표적이다. 이 혁신적인 기술은 한 번 사용하면 체온에 의해 바늘이 물렁물렁 유연해져서 주사기의 비윤리적 재사용을 원천적으로 막을 수 있다.

최근 우리나라 또한 마약 청정국이라고 불릴 수 없게 되면서, 폐의약품과 주사기의 철저한 관리가 더욱 필요해졌다. 이는 단순히 쓰레기를 제대로 버리는 행위를 넘어 우리 모두의 안전과 직결되는 중요한 과제다.

ACT NOW

기후변화에 대한
교육과 역량
강화하기
13-3

국가 정책에 기후
변화 대책 반영하기
13-2

포용적이고 자원
효율적이며 재해에
강한 정책 수립하기
11-B

기후위기는 나의 위기

#갑자기 따뜻한 물이 안 나온다!

한파가 닥친 아침, 냉수에 머리를 감고 출근했다. 평소처럼 머리를 감으려고 온수를 틀었는데, 손끝이 얼어붙을 듯한 찬물만 나오는 게 아닌가. 안 돼…… 어젯밤에 머리도 안 감고 잤는데 말이다. 시간이 지나도 나올 기미가 없는 온수를 무작정 기다릴 수 없어서 결국 두피가 아릿하게 울릴 만큼 차가운 물로 머리를 감았다. 본의 아니게 냉수마찰을 마치고 출근한 그날은 종일 얼얼한 기분이었다.

따뜻한 물이 몇 시간 나오지 않는 것만으로도 일상이 흔들리는데, 오늘날 우리 삶은 더 큰 변화를 겪는 중이다. "기상 관측 이래 최장기……."라는 말이 이렇게 흔하게 갱신될 줄 누가 알았을까. 몇 년 전에는 관측 이래 최장기 장마 탓에 습지에 사는 기분이었다면, 올해 여름은 관측 이래 최장기 열대야에 밤잠 설치는 나날을 보내고 있다. 심지어 매일 밤 그 기록을 새로 쌓아 가는 중이다. 24절기에 따라 입추(立秋)가 되면 아침저녁으로 선선한 바람이 불고, 처서(處暑)가 지나면 마법처럼 더위가 싹 가시던 것도 이제는 옛일이 되어 버렸다. 한때 마파람이 불어 에어컨 없이 여름을 나던 우리 집도 이제는 푹푹 찌는 무더위로 정전이 될 지경이다. 이런 일들이 더 이상 예외적인 사건이 아니라 새로운 일상이 되어 가고 있다는 사실이 두렵다.

#기후 악당 대한민국

"남은 탄소 예산 5천억 톤뿐…… 이대로면 10년 안에 동난다."[25] 강렬한 기사 헤드라인에 더욱 조바심이 든다. 산업화 이후 인간의 활동에서 발생한 온실가스는 지구의 평균 온도를 1.1℃ 상승시켰다. 더구나 올해 세계기상기구(WMO)의 예측에 따르면, 2027년 안에 평균 온도가 1.9℃까지 상승할 가능성도 있다고 한다.[26] 이를 방증하듯, 우리는 매일 종잡을 수 없는 기후변화를 경험하고 있다.

대기 중 온실가스 농도의 지속적인 증가는 단순한 기후

체계 변화만 가져오는 것이 아니다. 극단적인 날씨뿐만 아니라 물 부족, 식량 부족, 해양 생태계 파괴 등 인류 문명에 회복할 수 없는 위험을 초래하고 있다. 그런데 인류가 생존할 만한 수준으로 지구 온도 상승 폭을 유지하기까지 남은 탄소 예산*이 고작 5000억 톤뿐이라니, 마치 바닥이 보이는 항아리를 바가지로 벅벅 긁고 있는 듯하다.

이러한 위기 속에서 우리나라의 상황은 우려스럽기만 하다. 한국은 2020년 656.2백만 톤의 온실가스를 배출했다.[27] 2019년 대비 6.4%가 감소한 수치임에도 불구하고, 1위 중국, 2위 미국에 이어 전 세계에서 여덟 번째로 많은 탄소를 배출한 것이다. 산업화 이후 이산화탄소 누적 배출량을 기준으로도 18위를 기록했다.[28]

부끄럽게도, 2023년 열린 제28차 유엔기후변화협약 당사국총회(COP28)에서 우리나라는 기후 악당들에게 수여하는 불명예스러운 상, '오늘의 화석상'까지 받고 말았다. 우리나라가 온실가스 감축이 아닌 확대를 야기하고 있어 받은 상이다. 한국은 국내는 물론이고 해외 온실가스 배출량을 늘리는 데 앞장서면서, 환경 민폐국으로 불리고 있는 실정이다.

---

* 지구 기온 상승을 산업화 이전 대비 1.5°C 이내로 붙잡아 두기 위해 인류에게 허용되는 온실가스 배출 총량

#냄비 속 개구리

함께 사는 지구에 더 이상 민폐를 끼치지 않으려면, 이제는 더욱 획기적인 온실가스 감축 노력을 기울여야 한다. 정부, 기업, 그리고 개인 모두가 이 긴박한 상황을 인식하고 즉각적인 행동에 나서야 할 때다.

한국을 포함한 세계 각국의 정부는 '기후위기 적응 대책'*을 마련하고 기후에 탄력적으로 대응할 수 있는 기후회복력을 키우려고 노력한다. 하지만 변화에 비해 노력은 "너무 적고, 너무 느리다."** 아무리 국제 사회에서 치열한 논의를 하고, 정부와 지자체에서 정책을 수립한다고 해도, 국민이 관심을 가지고 참여하지 않으면 이는 그저 논의에 그치기 쉽다.

기후변화는 더 이상 저 멀리 북극에 사는 북극곰만의 문제가 아니다. 당장 따뜻한 물로 머리를 감는 일상적인 행위에서부터 우리의 삶 전반에 지대한 영향을 미치고 있다. 천천히 데워지고 있는 냄비 속 개구리처럼 죽지 않으려면, 내가 들어 있는 이 냄비가 얼마나 뜨거워지고 있는지, 나보다 더 뜨거운 곳에 있는 개구리는 누군지, 이 상황을 해결하려

---

* 정부에서는 기후변화의 악영향으로부터 국민의 생명과 재산을 보호하고 안전한 한반도를 만들기 위해 「저탄소 녹색성장 기본법」 제48조 및 동법 시행령 제38조에 따라 5년마다 국가 기후변화 적응 대책을 수립한다.

** 2022년 유엔환경계획(UNEP)에서 발간한 「적응 격차 보고서 2022: 너무 적고, 너무 느리다(Too Little, Too Slow)」의 제목을 인용했다.(wedocs.unep.org /20.500.11822/41078)

면 무엇이 필요한지 물어야 한다. 이 모든 것을 '나의 문제'
로 인식하고 질문에 대한 답을 찾는 것은 생존과 직결된 시
급한 과제다. 끓고 있는 냄비 속 개구리가 바로 '나'이기 때
문이다.

기후 관련 재해에
대한 회복력과
적응력 높이기
13-1

내게 남은 탄소 예산

#비행기의 탄소발자국

아시아 대륙의 끝, 반도에 살고 있지만 우리는 늘 바다를 건너 해외여행을 다닌다. 국외로 나가려면 바다를 건너가야만 하니, 국외 출장 및 연수, 여행 일정을 잡기가 영 꺼려진다. 그럼에도 출장 일정이 생겨 올해 여름에는 키르기스스탄에 다녀왔다. 인천공항에서부터 비슈케크 마나스 국제공항까지 4,357km. 이산화탄소 배출량을 계산해 보면 849kgCO$_2$eq이다.(비행 1km당 이산화탄소 배출량은 195gCO$_2$eq이다.) 왕복이니 두 배로 하면 1,699kgCO$_2$eq, 거

의 1.7톤의 이산화탄소가 대기 중에 배출되었다. 탄소 중립*
을 지향하는 내게 큰 짐이 생긴 기분이다.

교통수단별 1km당 온실가스 배출량

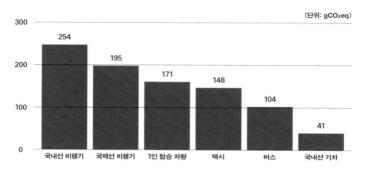

(출처: 영국 사업·에너지·산업전략부, 환경식품농무부) 29

영국 정부에서 발표한 교통수단별 온실가스 배출량을 보
면, 항공기는 국제선과 국내선을 막론하고 다른 교통 수단
에 비해 월등히 많은 온실가스를 배출한다.[30] 항공 산업에
서 배출하는 이산화탄소가 전 지구 배출량의 2%에 이르면
서 유럽에서는 '비행기 타는 것의 부끄러움'을 뜻하는 플라
이트 셰임(Flight Shame) 운동이 퍼져 나가기도 했다. 이에
여행자의 연간 탄소 허용량을 제한하는 탄소 여권을 도입
해야 한다는 주장도 나온다. 현실화하기 어려운 제안이지만

---

* 인간 활동에 의한 탄소 배출량과 흡수량의 균형을 맞추어 결과적으로 순 배출량을 0으로
만드는 것. 배출되는 탄소의 양을 최대한 줄이고, 남은 탄소는 숲 조성이나 탄소 포집
기술을 활용해 상쇄함으로써 달성할 수 있다.

그만큼 탄소발자국이 적은 운송 수단으로의 전환이 필요하다는 방향으로 의견이 모이고 있다.

#나도 계산해 보았다, 우리 집 탄소발자국

비행기 이용의 충격적인 탄소 배출량을 경험한 후, 일상에서 나의 탄소 사용량을 계산해 보기로 했다. 돈을 얼마나 어떻게 썼는지 가계부를 쓰듯이 탄소 가계부를 작성해 본 것이다. 현재 삶에서 얼마나 많은 탄소발자국을 찍어 내고 있는지 알아야, 어떤 영역의 탄소 배출을 줄일 수 있고 하나뿐인 지구의 탄소 예산을 어떻게 관리해 나갈지 계획을 세울 수 있기 때문이다.

탄소발자국을 정밀하게 계산하는 일은 어렵지만, 관리비 명세서 기준으로 집에서 배출하는 탄소를 간단히 계산할 수 있다. 한국 기후·환경 네트워크에서 제공하는 탄소발자국 계산기에 따르면 우리 집(성인 4인이 사는 아파트)에서 2022년 1년간 배출한 이산화탄소는 2.97톤이다. 소나무 720그루가 있어야 겨우 흡수할 수 있는 수치다.*(우리 집은 폐기물 처리 시설이 인근에 있어 지역난방을 이용하고 있지만, 수

---

* 전기 1034.6kg → 필요 소나무 250.5그루
난방 1897.5kg(동력비 698,480원) → 필요 소나무 459.4그루
수도 43.1kg → 필요 소나무 10.4그루
(계산 출처: 한국 기후·환경 네트워크)

치를 확인하기 위해 난방 요금으로 계산해 보았다. 이에 실제 사용량과 차이가 있을 수 있다.) 작년 여름 7월 한 달 동안 이산화탄소 배출량은 86.8kg이고 비슷한 다른 가정의 평균은 377kg다. 약 77% 적게 배출하는 것인데도 생각보다 너무 큰 수치라서, 관리비 명세서를 볼 때마다 같은 평형의 아파트보다 40~50% 적게 자원을 쓰고 있다며 뿌듯해한 것이 조금 부끄러워졌다.

2.97톤이라는 성적표를 받은 후 경각심을 가지고 집안 곳곳의 낭비되는 에너지 줄이기를 적극 실천했다. 항상 전기가 필요한 냉장고를 제외한 가전제품들에는 사용할 때만 전력이 연결되도록 스위치 달린 멀티탭을 연결했다. 이용 전에 스위치를 켜고, 쓰고 나면 다시 끄는 과정이 더해졌지만 금방 익숙해졌다. 겨울철 난방 목표 온도는 늘 19~20℃로 설정하고 추우면 옷을 껴입었다. 초반에는 동생이 23℃로 맞춰 둔 것을 몰래 19℃로 낮추는 나만의 비밀스러운 작전이 필요했다. 하지만 점차 동생도 20℃로 낮춰 가는 등 소소한 습관의 변화가 느리지만 지속적으로 일어났다.

그 덕분일까? 최근 1년의 우리 집 탄소발자국을 다시 계산했더니 한층 발전한 성적표를 받았다. 이산화탄소 배출량이 2.97톤에서 1.78톤으로, 약 1.2톤이 줄어든 것이다! 늘 강조하던 생활 속 습관의 힘을 다시 한번 체감했다.

우리 집 탄소가계부

2022년

월	전기(kWh)	수도(m³)	난방(m³)
1월	182	16	1207
2월	155	15	1046
3월	187	12	887
4월	170	16	329
5월	188	14	47
6월	172	16	0
7월	180	15	0
8월	230	15	0
9월	174	18	0
10월	164	16	72
11월	179	13	477
12월	183	16	1257
이산화탄소 발생량 합계	2976.85kg		

2023-24년

월	전기(kWh)	수도(m³)	난방(m³)
2023년 7월	186	15	0
8월	179	15	0
9월	168	14	0
10월	192	14	0
11월	193	13	122
12월	202	16	698
2024년 1월	218	13	839
2월	187	15	282
3월	152	13	124
4월	143	12	33
5월	140	14	0
6월	136	11	0
이산화탄소 발생량 합계	1789.98kg		

#생활 방식에 따라 탄소발자국은 달라진다

앞서 사용했던 탄소발자국 계산기는 전기, 가스, 수도, 교통, 쓰레기 부문으로 구분하여 탄소 배출량을 가늠할 수 있지만 삶 전체 영역을 다루지는 않는다는 한계가 있다. 유엔에서 제공하는 생활 방식 계산기는 질문에 답을 하면 생활 방식을 고려한 전반적인 탄소 배출량을 계산할 수 있다. 이수치 또한 간단한 설문조사를 바탕으로 한 대략적인 값이긴 하지만, 그래도 1년 동안 삶의 방식이 어떠했는지 점검하는 데는 무리가 없다.

유엔의 생활 방식 계산기를 통해 도출된 1년간 나의 탄소배출량은 4.78톤. 식생활, 쇼핑, 교통, 주거 부문을 총괄한 결과다.

4.78톤 중 가장 높은 비중을 차지하는 것은 2.67톤의 교통 부문이다. 대중교통을 주로 이용하지만 출장 때문에 이용한 비행기 왕복 이용을 넣었더니 수치가 급격하게 올랐다. 다음으로 많이 배출하는 것은 1.17톤의 주거. 추산 방식이 달라서 한국 기후·환경 네트워크 탄소발자국 계산기의 1.78톤과 꽤 큰 차이가 난다.

다음으로 채식 위주의 식습관 덕분에 식생활 부분은 좀 낮게 나왔고, 쇼핑이 가장 낮은 수치를 기록했다. 소비 습관에 관한 질문에는, 소비의 달을 정해 불필요한 소비를 줄이

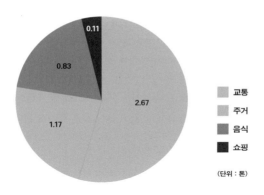

생활 방식에 따른 1년간 탄소발자국

0.11

0.83

2.67

1.17

교통
주거
음식
쇼핑

(단위 : 톤)

고 중고 물품을 들이는 습관이 있다고 답했더니 그 부분이 반영된 듯하다.

이처럼 개인의 생활 방식에 따라 탄소발자국은 크게 달라질 수 있다. 에너지 절약 습관을 들였더니 1년 만에 주거에서의 이산화탄소 배출량을 1.1톤이나 줄일 수 있었던 것처럼, 우리의 일상적인 선택들은 지구 전체에 큰 영향을 미치고 있다. 가벼운 마음으로 시작한 탄소발자국 계산이 이렇게 큰 깨달음을 줄 줄이야. 이제 내게 주어진 '탄소 예산'을 어떻게 사용할지 고민해야 할 때다.

- 매년 새로운 나무를 심자. 온트리(ONTREE) 앱을 이용하면 환경 보호 미션을 클리어한 대가로 포인트를 모아 나무 심기 활동에 동참할 수 있다. 또한 '에코시아(Ecosia)' 검색 엔진을 사용하면 검색 활동으로 발생한 수익을 이용해 에코시아에서 나무를 심어 준다.

- 자동차를 관리하자. 잘 관리된 자동차는 유독 가스를 덜 배출한다.

- 교통수단에 여러 옵션이 있다면, 비행기 대신 다른 수단을 선택하자. 바다를 건너는 게 아니라면 최대한 육로를 이용해서 탄소발자국을 줄이자. 물론 가장 좋은 수단은 '걷기'다.

- 탄소발자국을 모니터링하자. 정기적으로 탄소발자국을 계산해 보고, 가족이나 친구들과 함께 탄소 배출 줄이기 대결을 해 보자. 한국 기후·환경 네트워크(kcen.kr/tanso/intro.green), 유엔 생활 방식 계산기 사이트(lifestylelecalculator.com/doconomy)에서 계산해 볼 수 있다.

7 합리적인
청정 에너지

현대적 에너지에
대한 보편적 접근성
높이기
7-1

9 산업, 혁신과
인프라 구축

모든 산업과 인프라
를 지속가능하게
개선하기
9-4

탄소 없는 미래, 핵 없는 미래

#색도 냄새도 없지만 들을 수 있는 방사능

3만 그루의 아름다운 장미로 뒤덮여 '장미의 도시'로 불
렸던 프리피야트(Pripyat)는, 1986년 4월 26일 2.5km 떨어
진 곳에 있던 체르노빌 핵 발전소*가 폭발하면서 송두리째
바뀌었다. 처음에 주민들은 발전소에서 일어난 사고를 인지
하지 못한 채 평범한 일상을 이어 갔다.[31] 다음날, 사흘 정도
도시를 청소하고 검사할 것이라는 안내 방송이 흘러나왔다.

---

* '핵에너지', '핵 발전소', '핵폐기물' 등 최근에는 '원자력' 대신 '핵'이라는 용어를 사용하는
추세다. 원자가 아닌 핵 분열로 에너지를 발생시키기 때문에 '핵'을 사용하는 것이 기술의
본질과 잠재적 위험성을 더 직접적으로 드러낸다고 보기 때문이다.

사람들은 짧은 기간을 버틸 식량과 신분증을 챙겨 가벼운 차림새로 가까운 마을로 향했고, 어떤 이는 슬리퍼 차림으로 길을 나서기도 했다. 그렇게 떠난 사람들은 아직도 고향으로 돌아가지 못했다.

방사능이 유출되면서 프리피야트를 포함한 체르노빌 인근 지역들은 더 이상 사람이 살 수 없는 곳이 되었다. 방사능은 볼 수도 냄새를 맡을 수도 없지만, 방사능 측정기를 통해 소리로 그 존재를 여전히 확인할 수 있다. 관련 내용이 담긴 다큐멘터리 「체르노빌: 지옥의 묵시록(Stalking Chernobyl: Exploration After Apocalypse)」(2020)에서는 체르노빌 진입 금지 지역을 탐험하는 "스토커"라고 불리는 불법 하이킹 모험가, 익스트림 스포츠 애호가, 예술가를 따라가며 사고의 내막을 들여다볼 수 있는데, 거기에 담긴 현재 '체르노빌'의 모습은 상상과는 너무 달랐다. 사람의 접근이 금지된 지역은 황폐하고 스산해 보였지만, 거대한 숲이 자라고 야생 동물들이 뛰어다녔다. 놀랍게도 이 지역은 현재 우크라이나의 주요 관광지다. 관광 붐이라고 할 정도로 많은 사람이 사고 이후의 모습을 직접 보기 위해 이곳을 찾는다. 후쿠시마 핵 발전 사고가 난 후에는 비슷한 일을 겪은 지역의 현재를 확인하기 위해 일본에서 온 관광객이 부쩍 늘었다고 한다.

체르노빌이 지금처럼 사람들이 오가는 관광지가 되기 전까지는 긴 고통의 시간이 있었다. 원자로 폭발 직후, 화재에 취약한 흑연을 사용한 원자로 특성 때문에 10여 일 동안 불을 진압할 수 없었고, 수많은 소방관이 방호복 없이 투입되어 수습에 나섰다. 책 『체르노빌의 목소리』에는 방사능 사고를 겪은 피해자들의 이야기가 담겨 있다. 그중 류드밀라 이그나텐코의 남편은 소방관으로서 화재를 진압하다가 치사량을 훨씬 넘는 방사선에 노출되어 치료한 지 14일 만에 세상을 떠났다. 임신한 류드밀라 또한 남편을 간호하다 방사선에 노출되는 바람에 출산 후 네 시간 만에 딸을 잃었다.[32]

원자로 화재를 진압한 이후에도 비극은 끝나지 않았다. 사고 이후 수년간 대규모 인력이 사고 흔적을 지우는 데 동원되었다. 위험 부담이 컸지만 강한 방사능 때문에 로봇이 작동하지 않았고, 군인들이 바이오(생체) 로봇이 되어 직접 투입된 것이다. 이 과정에서 많은 이들이 심각한 후유증을 앓게 되었다. 방사선 피폭으로 인한 급성 질환뿐만 아니라, 장기적으로 암 발병률이 크게 증가했다. 국제원자력기구(IAEA)는 사망자 수를 약 4,000명으로 추산하지만, 민간 과학자들이나 그린피스 같은 환경 단체에서는 사망자가 이를 훨씬 웃도는 수만 명에 이를 것이라고 추정하고 있다.[33]

"체르노빌 핵 발전 사고는 인류의 생명을 위협한 최초의 핵 재난도, 가장 최근의 재난도 아니며, 앞으로도 마지막이 아닐 가능성이 크다."[34]

「체르노빌: 지옥의 묵시록」의 엔딩 크레디트 이후에는 위의 문구와 함께 역대 핵 발전 관련 사고가 시간 역순으로 지도에 표시된다. 체르노빌과 후쿠시마에서 발생한 사고처럼 조용하고 자연스럽게 일어나는 무서운 일들에서 우리나라는 얼마나 안전할까? 이 질문은 2023년 11월 30일 경주에서 지진이 발생했을 때 머릿속을 한참 채운 것이기도 하다. 나만의 걱정은 아닌지, 경주 지진 당시 발전소는 정상 운영하고 있다는 속보가 전해지기도 했다.

우리나라에는 운영 중인 핵 발전소 25기에 신규 건설 예정인 것까지 더해 총 32기의 핵 발전소가 있다. 부산·울산, 경주, 영광, 울진 지역에 집중되어 있으며, 그 밀집도는 세계 최대 수준이다. 좁은 지역에 몰려 있다 보니 사고가 발생했을 때 피해가 더욱 증폭될 가능성이 있다. 게다가 핵 발전소 반경 30km 이내에만 530만 명이 살고 있어,[35] 체르노빌 사고를 훨씬 뛰어넘는 인명 피해가 발생할 수 있다.

---

* 『체르노빌의 목소리』(스베틀라나 알렉시예비치 저, 새잎, 2011)의 소제목 "무서운 일은 조용하고 자연스럽게 일어난다"(281쪽)를 변용

여러 잠재적 위험성 이외에도 핵 발전소 운영에는 '핵폐기물 처리'라는 또 다른 그림자가 존재한다. 핵 발전소의 실제 내부 구조는 물을 끓이는 거대한 보일러와 같다. 발전 과정에서 사용되는 핵연료에는 3~5% 정도로 농축된 우라늄이 들어가는데, 대략 18개월마다 한 번씩 교체한다. 이때 발생하는 '사용 후 핵연료'는 여전히 높은 방사능을 띠고 있어서 10만 년 이상 장기간 보관하면서 붕괴열과 방사선이 거의 없어지기를 기다려야 한다.[36]

1954년 구소련에서 핵 발전이 시작된 이후, '사용 후 핵연료'는 임시 저장만 되고 있다. 안타깝게도 아직 우리에게는 핵폐기물을 긴 시간 동안 안정적으로 보관할 수 있는 기술과 장소가 부족하기 때문이다.[37] 한국의 경우, 세계에서 다섯 번째로 원전을 많이 운영하고 있음에도 불구하고 고준위 핵폐기장의 부지마저 선정되지 않아 난항을 겪고 있는 실정이다. 그래서 핵 발전소를 "화장실 없는 아파트"에 빗대기도 한다.

일본도 비슷한 고민을 안고 있다. 일본은 후쿠시마 사고 이후 탈핵 정책을 추진해 왔지만, 세계적인 연료비 상승과 탈탄소 정책이라는 명분으로 다시 입장을 바꿨다. 하지만 원전 가동에 뒤따르는 핵폐기물 저장 공간 문제에 대해서는 뚜렷한 대책이 없어 보인다. 일본 정부는 그저 방폐장(방사성 폐기물 처분장)*은 안전하다는 주장만 내세우며 인구 수가 적고 재정력이 부족한 지역에 폐기장 유치를 떠넘기고 있다.[38] 핵폐기물 문제를 대하는 일본 정부의 태도는 아파트에서 가장 열악한 환경에 사는 주민에게 "모든 가구의 화장실을 당신 집에 설치할게요. 이 화장실은 안전하고 깨끗해요. 돈도 넉넉히 드릴게요."라고 말하는 것과 다를 바 없어 보인다.

---

* 방사성 폐기물을 안전하게 저장·관리하는 시설. '사용 후 핵연료'와 같은 위험 물질을 격리하여 환경과 사람에게 미치는 영향을 최소화하도록 설계되는데, 10만 년이란 긴 시간을 견딜 수 있는 적합한 부지를 구하는 것이 어렵다. 핀란드에 450m 깊이의 세계 유일 영구 방폐장 온칼로(ONKALO)가 2025년 완공 예정이다.

모든 곳에서 모든
형태의 폭력 줄이기
16-1

기후 관련 재해에
대한 회복력과
적응력 높이기
13-1

전쟁, 난민, 그리고 기후위기

#나는 내가 무섭다

내가 무서워질 때가 있다. 전쟁을 다른 행성의 일처럼 여길 때, 드론 공격, 폭격, 지상 작전 등 전쟁 용어를 들어도 그 속의 '사람'이 그려지지 않을 때, 인류 역사에서 '전쟁은 늘 있었던 일'이라며 별일 아닌 것처럼 생각할 때, 그런 일이 내 일이 아니라 다행이라며 안도할 때……. 타인의 고통에 공감하지 못하고 생명의 존엄성을 잊고 살아감을 느낄 때마다 깜짝 놀라곤 한다.

그런 무감각함에 두려움을 느끼던 시기에 제7회 수원 이주민 영화제에서 관람한 다큐멘터리 영화 「사마에게」(2019)

는 보는 내내 직접 전쟁에 들어가 있는 느낌을 주었다. 공습과 폭격이 이어지는 통에 시멘트 포대로 전부 막아 버린 창문, 폭격을 피해 대피소로 내려가느라 함께 흔들리는 카메라, 피 흘리는 아이를 안고 울부짖는 여성의 모습……. 전쟁의 중심에서 살아가는 이가 직접 카메라를 들고 담아 낸 장면에서 참혹함과 공포가 고스란히 전해졌다.

무엇보다 머릿속에 선명하게 박힌 장면은 폭탄 소리를 하도 많이 들어서 굉음에 놀라지도, 울지도 않는 아기 사마의 모습이었다. 사마에게 폭격은 이미 일상이 된 것이다. 시리아 내전 중 태어난 아기의 이름을 하늘이라는 뜻의 '사마'로 지은 데는, 공군도 공습도 없는 깨끗한 하늘을 바라는 엄마이자 감독의 마음이 담긴 게 아닐까.

2011년 발발해서 아직 끝나지 않은 이 내전으로 2023년에만 4,300여 명이 사망했다.[39] 하지만 이스라엘-팔레스타인 전쟁, 러시아-우크라이나 전쟁까지 끊임없이 들려오는 소식에 시리아 내전에 관한 관심도 어느새 옅어지고 있다. 폭격 없는 깨끗한 하늘은 아직도 오지 않았는데 말이다.

#내가 만약 난민이 된다면

만약 전쟁이 바로 이웃 나라에서 발생했고, 그 전쟁을 피해 누군가 도움을 요청하며 집 앞에 서 있다면, 나는 그 이웃을 향해 문을 열어 줄 준비가 되어 있을까? 반대로 우리나라에서 전쟁이 일어난다면 나는 어디로 가야 할까? 상상만으로도 막막하다. 더 막막한 것은 누군가에게는 상상이 아닌 현실이라는 것이다.

전쟁이 발발하면 사람들에게 주어지는 선택지는 얼마 없다. 죽거나 죽이는 곳에 있거나, 목숨을 걸어야 하는 아주 먼 길을 떠나거나, 떠날 수도 머물 수도 없는 '죽음과 같은 삶'을 살아 내야 한다. 장기간 이어진 내전으로 시리아의 난민은 680만 명에 이르렀고, 이는 전쟁 시작 당시 시리아 인구의 30%에 해당한다.[40]

유엔난민기구는 '1951년 난민의 지위에 관한 협약'에서 난민을 '인종, 종교, 국적, 정치적 의견 또는 특정 사회 집단의 구성원 자격, 또는 정치적 의견을 이유로 박해를 받을 위험이 있어 자신의 나라를 떠나 국경을 넘은 사람이나 분쟁 혹은 일반화된 폭력 사태로 인해 고국을 떠나 돌아가기를 원하지 않거나 돌아갈 수 없는 사람'으로 정의한다. 유엔난민기구의 「2022 글로벌 동향 보고서」에 따르면, 지난해 전 세계에서 전쟁이나 자연재해로 삶터를 잃고 국경을 넘은 난민은 3530만 명에 달한다.

그렇다면 우리나라는 난민 수용에 얼마나 적극적일까? 안타깝게도 한국 정부의 난민 인정률은 세계 주요국 가운데 꼴찌 수준이다. 2022년 한 해 동안 한국에서 난민 신청은 1만 1539건 이뤄졌고, 그중 난민 지위를 인정받은 사람은 141명에 그쳤다. 우리나라는 여전히 난민협약의 5대 요건을 기준으로 기계적으로 허가를 내주기 때문이다. 반면 국가 간 전쟁, 내전, 자연재해 등으로 난민이 급증하자, 국제 사회는 난민 인정 기준을 더 폭넓게 해석하는 추세다.[41]

휴전 국가인 한국에 사는 나도 언제든 전쟁 난민이 될 수 있다. 그런 두려움을 가지고 있는 우리나라가 난민을 좀 더 포용할 수 없을까. 난민 문제에 대한 우리 사회의 인식과 정책적 접근의 변화가 필요하다.

#기후위기가 부르는 전쟁, 전쟁이 가속하는 기후위기

오랫동안 이어진 내전으로 많은 이가 죽고, 많은 이가 떠나가 처참해진 시리아의 땅은 인류가 최초로 농경과 목축을 실현한 곳이다. 비옥했던 땅에 극심한 가뭄이 들 때도 있었지만, 그건 250년에 한 번 꼴로 발생하는 드문 '이상 기후'였다. 그런데 2007년에서 2010년까지 해마다 극심한 가뭄이 시리아를 덮쳤고, 이 재해가 2011년 시작된 정치적 불안과 무력 충돌의 촉매 구실을 했다는 연구가 있다.[42]

문제는 기후위기가 고조되면서 그러한 극심한 가뭄이 더 자주 발생할 확률이 높아졌다는 점이다. 지구 평균 기온이 산업화 이전 대비 1.2℃ 오르면 10년에 한 번, 2℃가 되면 5년에 한 번은 극심한 가뭄이 발생할 것이라는 암울한 시나리오가 나왔다. 그렇게 될 경우 중동이나 아프리카는 수자원을 둘러싼 갈등이 심화될 수밖에 없다. 기후위기로 생존 환경이 위협받을수록 그 문제를 해결하기 위해 무력 충돌이 발생할 가능성이 높아지니, 기후위기가 전쟁을 부르는 것이나 다름없지 않을까.

그런데 역설적으로 전쟁은 다시 기후위기를 가속하는 요인이 된다. 전 세계 군대가 배출하는 탄소발자국은 중국과 미국, 인도에 이어 세계 4위 수준이다. 우크라이나가 18개월의 전쟁 동안 배출한 온실가스는 1.5억 톤에 이른다.[43] 매일 희생자가 나오는 것도 끔찍한데 전쟁은 또 다른 방식으로 삶을 위협한다.

국제 사회의 기후위기 대응은 저조하고 더딘 데 반해 전세계의 군사비 지출은 빠르게 늘어나고 있다. 다각도로 문제를 해결하기 위해 평화를 해치는 군비를 줄이고, 그 예산으로 기후위기에 대응하는 데 쓰자는 의견도 있다.[44] 존 레논의 어느 노래처럼, 우리가 지구 문제를 함께 해결하기를 원하고 또 해결을 위해 행동하기만 하면, 전쟁을 끝낼 수 있지 않을까?*

---

* 존 레논의 「Happy Christmas(War is Over)」 노랫말 중에는 "당신이 원하기만 하면 전쟁은 곧 끝이 납니다.(War is Over! If you want it.)"라는 구절이 있다.

PART 2

함께 세상을
보는 법

포용 사회

누구도 소외되지 않는 세상을 꿈꾸며
우리는 하나씩 변화를 시작한다.
도서관, 동네 음식점, 길거리에서 만나는
이웃들과 함께 살아가는 법을 배운다.
사회의 구성원 모두가
평등하게 참여하고 존중받을 때,
우리는 진정한 발전을 이룰 수 있다.

ACT NOW 목표

1 빈곤 타파

모든 곳에서
모든 형태의 빈곤 종식하기

2 기아 종식

기아를 근절하고, 식량 안보와 개선된 영양 상태를 달성하며,
지속가능한 농업을 강화하기

3 건강과 복지

모든 연령층의 모든 사람을 위한
건강한 삶을 보장하고 웰빙을 증진하기

4 양질의 교육

모두를 위한 포용적이고 공평한 양질의 교육을 보장하고
평생 학습 기회를 증진하기

5 성평등 실현

성평등을 달성하고
모든 여성과 여아의 권익을 신장하기

7 합리적인
청정 에너지

모두에게 적정 가격에 신뢰할 수 있고
지속가능한 현대적인 에너지에 대한 접근을 보장하기

11 지속가능한
도시와 공동체

도시와 주거지를 포용적이고 안전하며 회복력 있고
지속가능하게 만들기

16 평화와 정의를
위한 제도 구축

지속가능발전을 위해 평화롭고 포용적인 사회를 만들고,
모든 사람에게 정의를 보장하며, 모든 수준에서 효과적이고
책임감 있으며 포용적인 제도를 구축하기

**교육에서의 불평등
해소하기
4-5**

모두의 도서관

#나의 서재는 동네 도서관

천장까지 닿는 책장을 짜고, 그 책장을 책으로 빼곡히 채운 서재를 만들고 싶었다. 그래서 매년 100권씩 책을 '사서 모으기'에 몰두하던 몇 년이 지나고, 내게 남은 것은 읽지 않은 새 책 무더기와 둘 곳 없는 책장이었다. 이미 가진 책인 줄도 까먹고 또 같은 책을 산 것이 몇 번. 소장하면 좋을 거 같아서 샀지만 한번 읽은 것으로 충분해 먼지만 쌓이고 있는 책이 몇 권. 왜 좋은 분위기의 커다란 서재를 갖고 싶었더라? 책을 많이 가지면 지식과 지혜를 얻을 수 있다고 착각한 건 아닐까?

윤리적 최소주의자가 되어 미니멀 라이프를 실천하면서 새 책을 이전만큼 구매하지 않게 되었고, '내 서재 갖기'에 대한 미련을 조금씩 내려놓을 수 있었다. 그렇게 삶의 알맹이를 찾기 위한 '덜어 냄'에 온통 관심이 쏠려 있었을 때 EBS의 환경 다큐멘터리 프로그램「하나뿐인 지구」를 만나며, 책에 대한 열망이 다시 피어올랐다. 다양한 환경 관련 주제와 실험, 실천들이 총망라되어 있어서 한 편씩 볼수록 더 공부하고 실천하고 싶은 분야를 확장해 줬기 때문이다. 그 넓은 우주를 내 서재에 담을 수 없으니, 결국 도서관으로 향할 수밖에.

마치 운명처럼 우리 동네 도서관에서는 '생태/환경 특화 코너'를 운영하고 있었다. 제로 웨이스트의 교과서『나는 쓰레기 없이 살기로 했다』, 뉴욕에서 환경에 악영향을 주지 않고 살아가는 1년의 도전을 그린『노 임팩트 맨』등 도서관의 환경 도서는 나의 동료이자 선생님이 되어 주었다. "한 인간의 존재를 결정짓는 것은 그가 읽은 책과 그가 쓴 글이다."라는 도스토옙스키의 말처럼 도서관에 있는 책들은 내 삶에 별처럼 콕콕 박혔다.

그렇게 도서관은 나의 서재가 되었다. 전국 1,236곳의 공공도서관이 평균적으로 소장한 도서 수는 10만 권에 달하므로[1] 매년 100권씩 사 모아도 도서관만큼의 서재를 가지려면 1000년이나 걸린다. 게다가 매년 새로운 책을 살 돈과 그 책을 잘 관리할 공간과 시간도 내겐 없다. 누구나 이용할 수 있는 도서관을 서재로 삼는 것이 훨씬 합리적이다. 또한 도서관이 하나 생길 때마다 50톤의 종이를 절약할 수 있고, 종이 제조 과정에서 발생하는 온실가스 배출도 억제할 수 있다.[2]

#나의 연구실은 대학 도서관

"[도서관] 안녕하세요. 2023-2학기 우수이용자로 선정되셨음을 안내합니다."

오, 도서관 우수이용자라니! 심지어 대학원생 선정자 중 '최우수'로 선정되었다! 읽고 싶어 했던 책을 한 권씩 읽었을 뿐인데, 도서관 우수이용자로 선정되고 선물로 문화상품권, 펜, 마우스 패드, 노트, 파우치까지 받아 버렸다.(마우스 패드가 마침 필요했는데, 잘됐다!) 선물도 기쁘지만, 대출 권수가 기존보다 스무 권 더 늘고, 대출일도 열흘 더 늘어나는 혜택이 가장 쏠쏠하다. 성실하게 박사 과정을 하고 있다며 칭찬받은 기분이다.

회사와 병행했던 석사 과정 때는, 수업 시간에 간신히 맞춰 달려가느라 도서관에 한 번도 가지 못했다. 그게 무척 아쉬웠는지 박사 과정을 공부하면서 대학원생실 다음으로 제일 많이 간 곳이 도서관이다. 동네 도서관에서는 찾기 어려운 전문 학술 서적도 많고, 특히 서울시립대에는 도시 관련 책이 참 많아 참새가 방앗간 드나들듯 도서관을 다닌다. 내가 읽고 싶고, 좋아하는 환경 도서들은 늘 서가에 비치되어 있는 터라 개인 서재처럼 이용하기에도 좋다.

대학원에서 공부하는 동안에는 대학교 도서관을 마음껏 만끽하고 싶다. 환경 코너의 책들도 많이 읽고 싶고, 도시과학 특화 도서들이나 교양으로 추천하는 책도 읽어 볼 요량이다. 도서관에 쌓인 지적 유산을 잘 살펴보고, 나의 문제의식과 생각을 발전시켜 그곳에 더하고 싶다.

#모두를 포용하는 도서관

쌓인 장서들 만큼이나 무궁무진한 도서관의 가치를 기념하기 위해 2023년부터 4월 12일이 도서관의 날로 제정되었다. 「도서관의 날 선언문」은 '모두를 포용하는 도서관'을 약속한다. 성별, 종교, 국적, 언어, 경제적 지위와 상관없이 모두에게 공평한 접근과 다양성을 보장해야 하며, 지식정보의 불평등이 기회의 불평등으로 이어지지 않도록 도서관이 돕겠다는 사명도 밝혀져 있다. 더불어 지속가능한 발전과 사회적 가치를 실현하기 위해 지역 협력 연계망을 구축하겠다는 포부도 담겨 있다.

내겐 도서관의 이런 선언이 막연한 이상이 아니라 현실적으로 느껴진다. 도시의 여러 공간 중 사회적 가치를 실현하면서도 모두에게 열려 있는 장소로서 기능하고 있기 때문이다. 우리 동네 도서관만 해도 문화 공간이 되기도 하고, 여름엔 삼삼오오 주민들이 모이는 무더위 쉼터로 이용되기도 한다. 휠체어나 유아차로도 출입이 편리한 경사로, 노안 등 책 읽기 불편한 이들을 위한 큰글자책, 컴퓨터와 인터넷을 사용할 수 있는 공간 마련 등 누구나 이용할 수 있도록 사회적 가치를 높이려는 노력이 도서관 곳곳에서 보인다. 더불어 지역 서점과 희망 도서 신청을 연계하며 상생을 위해 노력하고, 다양한 문화 프로그램과 동아리 활동도 지원해 지역 사회 공동체를 만들며 모두의 도서관을 지향해 가고 있다.

ACT NOW 도움말

- 보고 싶은 책은 도서관에 '희망 도서'로 신청해 보자. 선정 절차를 거쳐 구입한 책을 이웃과 함께 나눠 볼 수 있다. 지역 서점을 통해 희망 도서를 신청하면 지역 서점 활성화에도 도움이 된다.

- 도서관에서 자원봉사를 하자. 1365 자원봉사 포털에서 각 지역의 도서관 봉사 활동을 모집하고 있다. 훼손된 책을 보수하는 봉사 활동도 참여할 수 있다. 봉사가 아니더라도 도서관에서 운영하는 독서모임 등 다양한 교육, 동아리 프로그램에 적극적으로 참여해 활기 넘치는 도서관을 만들어 보자.

- 도움이 필요한 작은 도서관이나 공립 학교에 책을 기부하자. 국립중앙도서관의 도서 기증 프로그램 '책다모아'는 국내 발행 일반 도서, 어린이·청소년 도서, 학술 도서, 연구 보고서, 세미나·회의 자료, 한국 관련 외국 자료 등을 기증받고 있다. 단, 발행된 지 5년 이상 되어 책이 필요한 정보소외기관에 재기증할 수 없는 자료나 개인 복사물, 오염되고 훼손된 자료는 기증할 수 없다.

도시가 환경에
미치는 악영향
줄이기
11-6

포용적이고 자원
효율적이며 재해에
강한 정책 수립하기
11-B

지속가능한 식품
생산 시스템
구축하기
2-4

도시에 사는 자연인의 식탁

#자연인처럼 먹고사는 일상

내려받아 놓은 영화를 누워서 감상하기 위해 나무 의자에 노트북을 올려 각도를 조절하고, 폭신하게 깔아 둔 이불에 누웠다. 영화 「리틀 포레스트」(2018)의 오프닝이 막 시작될 무렵, 엄마가 쓱 방문을 열었다.

"뭐 해?"

"영화 보려고. 리틀 포레스트라는 영화인데, 엄마도 같이 볼래?"

이불 밖으로 빼꼼 얼굴만 내밀고 초대한 영화 감상 시간에 엄마는 흔쾌히 동참했다. 이불 속에 엄마와 나, 두 관객이 눕는 것으로 침대 영화관은 만석이 되었다.

'배가 고파서' 시골인 고향으로 돌아왔다는 주인공의 사계절 이야기를 담은 영화의 초반, 배추전을 부치고, 수제비를 끓이는 장면들을 보며 엄마는 "평범한 일상인데 영화로 만들었네."라는 평을 남겼다.

그러고 보니 우리도 김장하고 남은 배추로 몇 주 전에 배추전을 부쳐 먹었지, 겨울 배추가 달콤해서 참 맛있었지. 영화 내내 등장하는 식사 장면을 보면서 자연스럽게 우리 집 식탁의 먹거리를 떠올렸다. 오늘은 15층 이웃 분이 시골에서 받아 오셨다며 한 덩이 나눠 주신 단호박과 신김치가 된 겉절이로 단호박 김칫국을 끓여 먹었다. 거실 TV 장 위에 올려 둔 늙은 호박으로는 곧 국을 끓여 먹고, 죽도 쑤어 먹을 것이다.

가을엔 베란다에서 무말랭이를 말리고, 겨울이면 욕조에 배추를 절여 김장하는 우리 집은, 분명 도시 한가운데 있지만 자연인과 비슷한 방식으로 먹고살고 있다. 영화 중반 등장한 일식 오코노미야키(양배추 전)와 가츠오부시(가다랑어 포)에 흥미를 보이던 엄마는 어느새 폭폭 숨소리를 내며 잠에 들었다. 삼시 세끼 자연의 재료로 요리해서 살아가는 영화 속의 '힐링' 일상이 엄마에겐 잠을 부르는 평범한 일상이었던 모양이다.

#도시 농부와 로컬 푸드

　우리 가족이 늘상 차리는 자연의 식탁이 쉬이 만들어지는 것은 아니다. 제로 웨이스트 실천 중 '먹거리' 부분에는 엄마의 도움이 없다면 불가능한 일들이 많다. 재료를 구비하는 단계부터 그렇다. 갓 수확한 좋은 쌀, 현미, 서리태, 고구마, 땅콩 같은 먹거리를 살 때는 엄마의 인맥과 안목이 필요하다. 먹거리 생산자와 직거래할 때, 적당한 가격과 품질, 맛과 제철 등 따져야 할 것이 얼마나 많은지 직접 챙겨 보려 해도 아직은 내게 어려운 일이다. 시골의 지인이나 친척 집에 놀러 가서 나물과 과실을 종류별로 잘 챙겨 오는 것도 내가 배우고 싶은 엄마의 수준 높은 제로 웨이스트 기술이다. 각종 나물을 구별하고, 캐내고, 요리하고, 보관하는 일에 늘 함께하는데도 모르는 것투성이다.

　엄마는 작은 텃밭을 직접 가꾸는 '도시 농부'이기도 하다. 손바닥만 한 텃밭에서 토마토, 가지, 고추, 열무, 깻잎, 상추, 강낭콩, 시금치, 무, 갓, 부추 등 각종 채소를 생산한다. 텃밭에서 나는 먹거리 양이 제법 많아 마트에서 채소 장을 보는 일은 거의 없다. 맨 처음 고랑 만드는 일부터 수확을 하기까지, 텃밭 규모가 작은 데도 일이 만만치 않아 온 가족이 동원된다. 귀찮을 때도 종종 있지만 전부 우리 식탁에 오르는 것들이니 다들 엄마의 현장 지시에 순순히 따르고 있다. 매일 텃밭을 살펴보고 가꾸는 농부의 발걸음 소리를 들으며 작물들은 봄부터 가을까지 신선하고 풍성하게 무럭무럭 자라난다.

그렇다면 농장은 아니지만 소규모의 텃밭을 가꾸는 우리 가족도 가족농(Family Farming)의 한 형태라고 볼 수 있지 않을까? "세계식량기구(FAO)는 '지구에 있는 농장들 가운데 90% 이상이 개인이나 가족의 노동에 주로 의존하고 있으며, 이들이 전체 경지의 70~80%를 경작하면서 먹거리의 80%를 생산한다.'고 말한다. 가족농이 세계를 먹여 살리고, 지구를 보살핀다"[3]는 것이다.

그렇게 대단한 일을 하고 있는 것 같지는 않지만, 다 같이 힘을 모아 신선한 제철 먹거리를 길러 자급자족하고 이웃, 친척들과도 나누어 먹는 재미가 쏠쏠하다. 직접 기른 채소를 먹으면서 먹거리가 생산되는 과정과 그 가치를 더욱 깊이 이해하게 되었고, 이러한 경험은 지역에서 생산된 먹거리를 지역에서 소비하는 '로컬 푸드'에 대한 관심으로 자연스럽게 이어졌다. 로컬 푸드 운동은 생산자와 소비자 사이의 이동 거리를 줄여 농산물의 신선도를 높이고, 농업인과 소비자 모두에게 이익이 되는 긍정적인 효과를 추구한다.[4] 가족과 이웃을 연결하는 매개체가 된 우리 집 텃밭은 로컬 푸드 운동의 축소판 같기도 하다.

「한국인의 밥상」 같이 지역 먹거리를 소개하는 방송을 볼 때면 엄마는 그 먹거리를 우리 집 식탁으로 옮겨 오는 셰프가 된다. 요리 보조인 나는 오늘도 셰프만 믿고 새로운 요리에 도전한다. 직접 조달한 재료를 가지고 요리하는 것은 밀키트와 배달 음식에서 빠지지 않는 포장 쓰레기를 줄이는 가장 강력한 방법이기도 하다.

우리 집 먹거리의 핵심이 되는 고추장, 간장, 된장, 청국장, 김치를 담그는 사람 역시 엄마다. 외할머니가 담그는 모습을 기억해 두었다가 결혼하고 나서는 직접 다 담그기 시작했다고 한다. 엄마가 메주를 띄울 때 한몫 거들던 어릴 적 기억이 아직도 뚜렷하다. 콩을 푹 삶아서 거실에 넓게 펴 두면 나와 동생은 뜨거운 콩을 밟았다. 다른 집에 절구가 있다면 우리 집에는 새 운동화를 신은 남매가 있었다. 뜨거운 열기와 구수하고 달큼한 냄새, 미끈미끈 넘어질 듯이 디딘 발바닥 아래의 콩, 넘어지지 않게 나를 잡아 주던 엄마의 손힘이 오감으로 남아 있다.

어른이 된 후에는 각종 장과 김장을 담그는 과정에서 나름 수석 보조로서 활동하고 있지만, 아직 엄마의 지시가 없으면 갈피를 잡지 못하는 수준에 머물러 있다. 부모님과 함께 나이를 먹으면서 점차 동생과 내가 더 주도적으로 힘을 써서 장도 담그고, 김장도 해야겠다고 매년 결심은 하지만…… 당장 김치와 장을 담가 볼 엄두가 안 나는 것이 사실이다. 그래도, 며칠 있으면 배추로 겉절이 한 번 더 담근다는데, 이번 기회는 놓치지 않고 비법을 물려받으려 한다. 자연을 삶에 적용하는 엄마의 지혜와 지식, 기술 덕분에 건강하게 잘 먹고 살면서도 쓰레기를 덜 만들 수 있었으니 말이다. 도시에 살면서도 자연을 누리고, 가족의 손맛으로 채워지는 식탁은 매번 특별하다.

안전하고 영양가
있는 식품에 대한
보편적 접근성
높이기
2-1

식품 시장의
안정성과 정보
접근성 높이기
2-C

식품 사막에서 오아시스를 찾다

#먹을 게 없어⋯⋯!

공부에 집중하기 위해 여름방학 동안 기숙사에서 살기로 결정했다. 기숙사는 시설이 편리하고, 이동 시간도 아낄 수 있어 만족스러운데, 큰 문제가 하나 있다. 바로, 먹을 게 없다는 점이다. 학생회관 식당에서 판매하는 평일 점심, 저녁 식사는 모두의 입맛을 고려한 식단이다 보니 내가 선호하는 채식 위주의 식사를 하기가 어렵다. 집에서 든든히 먹던 신선한 채소와 과일이 그립지만 학생회관 식당의 저렴한 가격을 고려하면 어쩔 수 없는 부분이다.

학교 밖으로 눈을 돌려 봐도 상황은 크게 다르지 않다.

쌀국수, 파스타, 타코, 토스트, 햄버거…… 탄수화물이야 부족함 없이 채울 수 있겠다만 채소나 과일이 아쉬운 것은 마찬가지다. 어떤 식당은 채소라고는 단무지뿐이다. 무엇보다도 과일이 절실히 먹고 싶은데, 편의점서는 사과 한 알이 5,000원에 육박하니 사 먹을 엄두가 안 난다. 그래서 가끔 집에 갈 때면 한을 풀 듯 과일과 채소를 잔뜩 먹어 치운다.

무엇이든 구할 수 있는 서울 도심에서 살고 있지만 신선하고 건강한 끼니를 챙기기는 어렵기만 하다. 마치 식품 사막에서 살고 있는 듯하다. 식품 사막(Food Desert) 현상은 지역 사회에 영양가 있는 신선한 식품을 구매할 수 있는 식료품점이나 농산물 시장이 부족한 경우를 일컫는다. 이러한 환경에 사는 사람들은 가공식품을 선택하도록 내몰린다. 특히 기숙사처럼 조리시설이 제한적인 거주지에서는 결국 전자레인지에 데워 먹을 수 있는 간편 식품을 선택하게 된다. 나부터도 기숙사에서 한 달 지내는 동안 먹은 삼각김밥이 올해 상반기 내내 먹은 것보다 더 많으니 말이다.

#나만의 오아시스를 찾아서

건강하지 않고 몸만 무거워지는 식사를 더 이상 지속할 수 없어서 식물성 단백질, 채소, 과일을 섭취할 방법을 마련해 봤다.

◆ 유기농 소비자 생활 협동조합 매장과 전통 시장 이용하기

도보 20분 거리에 생협 매장과 전통 시장이 있다. 무더운 여름에 장거리를 이고 지고 오가는 일은 고난이지만, 아쉬운 사람이 발품을 팔 수밖에. 그래도 신선한 채소와 과일을 얻을 수 있게 되었다.

◆ 두유 직접 만들어 먹기

집에서 쓰던 두유 제조기를 기숙사로 가져왔다. 서리태와 물만 넣고 만든 따뜻한 두유 한 잔이면 속이 든든하다.

◆ 건과일, 견과류 챙겨 먹기

혼자 생활하다 보니 매번 신선한 과일을 보관해서 제때 먹기는 어렵다. 살구, 무화과, 포도 같은 건과일이나 땅콩, 호박씨, 호두 같은 견과류를 함께 섭취한다.

◆ ABC 주스 마시기

충청북도 제천의 사회적 기업 '마을너머'에서 판매하는 ABC(사과, 비트, 당근) 주스를 구매했다. 재료를 구해 직접 만들기는 힘들어서 잘 만든 제품을 마시고 있다.

집에서 나와 생활하다 보니 제대로 된 식사가 얼마나 중요한지 뼈저리게 깨달았다. 식품 사막의 막막함과 치솟는 물가에 겁먹는 게 나만의 일은 아닌지, 이미 약 60% 청년층이 아침 식사를 거르고 살아간단다. 그래서 많은 대학교에서는 학생들의 경제적 부담을 줄여 주기 위해 1,000원이라는 부담 없는 가격에 건강한 식사를 제공하는 '천원의 아침밥' 프로그램을 운영하고 있다. 아침밥을 차리는 데 필요한 전체 비용 중 1,000원은 학생이 지불하고, 1,000원은 정부가 보태고, 나머지는 학교에서 부담하는 식으로 운영된다. 최근에는 물가 상승을 반영해 정부가 지원 단가를 2,000원으로 인상했고, 진행하는 대학도 전국 186곳으로 늘어났다.

이 사업은 단순히 아침밥을 제공하는 것 이상의 의미가 있다. 운영 부문에서는 학교, 지역 커뮤니티 센터 또는 식당과 협력하고 있어 지역 사회의 결속력을 강화한다. 또한 자원봉사자나 지역 농가의 후원을 받아 신선한 재료를 확보하고 지속가능한 방식으로 운영하는 것에 중점을 둔다. 소득이 적거나 없는 대학생의 식생활 개선을 통해 건강 불균형 문제를 완화하는 데 도움을 주기도 한다.

도시가 환경에
미치는 악영향
줄이기
11-6

저렴하고
지속가능한 교통
체계 구축하기
11-2

도보로만 만날 수 있는 세계

#걷기 좋은 도시

나는 자동차나 대중교통보다 걷기를 좋아한다. 빠르게 지나치느라 놓치기 쉬운 세계의 면면을 걸으면서 포착할 수 있기 때문이다. 산책은 어디서나 재미있지만, 걷기의 매력은 도시에서 더욱 빛을 발한다. 사람들이 모여 시공간을 공유하는 도시에는 수많은 이야기가 살아 숨 쉰다. 거리와 계절마다 마주치는 풍경, 소리, 냄새, 분위기는 매번 달라서 질릴 틈이 없다.

미국의 도시이론가 루이스 멈퍼드는 도시를 "사회적 행동을 펼치는 극장"이라고 표현했다. 그의 말마따나 도시를 걸을 때면 문화, 역사, 사람이 만들어 내는 생생한 드라마에 푹 빠져들게 된다. 건물과 건물 사이, 공원과 상점을 잇는 길과 그 위를 오가는 사람들, 그리고 자연이 어우러진 도시는 흥미진진한 삶의 무대가 되는 것이다.

그러나 현대에는 자동차가 주된 이동 수단이 되면서 도로와 주차장 같은 자동차를 위한 공간이 도시 설계의 중심이 되었다. 보행자를 위한 공간은 자연스럽게 뒷전으로 밀려나면서 걷기의 즐거움을 느낄 수 있는 곳이 적어졌을뿐더러, 자동차와 같은 빠른 이동 수단은 많은 에너지(특히 화석 연료)를 소비하고 탄소를 배출한다. 반면 걷기는 환경 부담이 적고 토지 이용 효율도 높다. 그렇다면 이제는 걷기를 주요 이동 수단으로 삼아 도시 공간을 사람의 품으로 되돌려야 할 때다.

#사람을 위한 15분 도시

이러한 '보행자 친화 도시'를 만들기 위해서는 무엇이 필요할까? 먼저, 안전이다. 차도와 인도의 명확한 분리, 넉넉한 보행 공간, 안전한 건널목이 기본이 되어야 한다. 다음은 편의성이다. 평탄한 보행로와 적절한 가로등, 충분한 휴식 공간이 보장이 필요하다. 마지막은 멋진 경관이다. 아름다운 자연과 독특한 도시의 이미지는 걷는 즐거움을 더해 준다.

코로나19 팬데믹은 이러한 보행자 중심 도시의 필요성을 더욱 부각시켰다. 사회적 거리두기로 생활반경이 축소되고 실내 모임이 제한되면서, 공원과 숲 같은 열린 도시 공간의 가치가 새롭게 조명받았다. 이때 이목을 끈 '15분 도시' 개념은 걷기나 자전거처럼 무동력 이동 수단으로 15분 이내, 즉 반경 1km 안에서 일상생활에 필요한 시설들에 닿을 수 있는 도시를 말한다. 15분 도시의 실현을 위해서는 시설의 적절한 밀집과 함께, 자유롭게 걷고 자전거를 탈 수 있는 충분한 공간을 확보하는 게 가장 중요하다.

#기후위기 대응을 위한 생태교통

수원 행궁동은 걷기 중심 도시로 성공적으로 변화한 도시 중 하나다. 지금으로부터 10여 년 전, 이곳에서는 도시 공간을 '사람'에게 돌려주는 실험이 한 달간 진행되었다. 실험명은 '생태교통 수원 2013'. "자동차 없는 도시에서 우리의 삶은 어떻게 변할까?"라는 질문에서 출발한 이 프로젝트는, 마을의 도로를 보행자 중심으로 재편하고 버려진 유휴 공간을 쌈지 공원으로 탈바꿈시켰다. 자동차가 사라진 이 마을에 100만 명의 방문객이 대중교통을 이용해 찾아왔고, 행궁동은 이제 대표적인 생태교통 마을로 자리잡았다.[5]

과거 낙후되었던 행궁동이 지금의 활기찬 문화·관광·카

페 거리로 변모한 것도 생태교통 실험이 진행된 2013년부터다. 예전의 모습이 더 익숙한 수원 토박이라 그런가, 요즘도 행궁동 인근에 가면 거리의 활기에 깜짝 놀랄 때가 한두 번이 아니다. 사람을 중심으로 도시를 바꾼 것이 새로운 활기를 이끈 것이다.

행궁동에 생명력을 불어넣는 데 중심이 된 생태교통(Eco Mobility)은 걷기, 자전거 등 지속가능하고 미래 지향적인 친환경 또는 무동력 이동 수단을 말한다. 좁게는 교통수단 자체만을, 넓게는 장애인과 노약자, 어린이를 포함한 모든 구성원이 안전하게 이용할 수 있는 통합적인 교통 체계를 의미한다.[6] 생태교통은 대기 오염을 감소시키고, 기후위기에 대응하도록 도우며, 도시 생태계를 보호한다. 또한 사람을 위한 공간을 확장해 주어 자연스럽게 지역 경제 활성화도 촉진한다.

이러한 흐름에 발맞춰 국토교통부는 교통 정온화(Traffic Calming) 시설을 전국으로 확대하는 중이다. '교통을 조용히 진정시킨다'는 의미의 이 정책은 원형 교차로, 과속 방지 턱, '차 없는 도로' 등을 통해 보행자에게 안전한 도로 환경을 조성한다. 자동차의 속도와 편의를 최우선으로 삼았던 도시는 이제 사람을 먼저 고려하는 방향으로 나아가고 있다.

  세계 주요 도시들의 상황은 어떨까? 그들도 자동차가 아닌 사람 중심의 환경을 조성하기 위해 노력하고 있다. 파리는 '15분 도시' 계획을 적극적으로 추진하고 있으며, 밀라노는 '시티라이프' 지구를 통해 유럽 최대 규모의 자동차 없는 구역을 조성했다. 샌프란시스코 역시 '슬로 스트리트' 프로그램으로 자동차의 통행과 속도를 제한하며 보행자 친화적인 도시로 변모하고 있다.

  이러한 도시들의 변화 소식을 접할 때마다, 그 거리를 직접 걸어 보고 싶다는 열망과 함께 새로운 도시의 모습을 기록하고 싶은 욕구가 생긴다. 마침 수원에서는 '어반 스케치(Urban sketch)'라는 흥미로운 활동이 이루어지고 있다. 거주지나 여행지 등 도시의 아름다운 모습을 현장에서 생생하게 그림으로 담고 공유하는 국제 비영리 조직 어반 스케쳐스. 그 공식 지부인 '어반 스케쳐스 수원'이 매달 네 번째 토요일에 공식 모임을 여는 것이다. 도시의 시간과 장소를 그림으로 남기는 것, 그리고 그 이야기를 함께 나누는 것. 이 단체의 약속을 보니 꼭 참여해서 함께 그려 보고 싶어졌다. 한 걸음 한 걸음, 느리지만 내 두 발로 이 도시의 이야기를 담고 싶다.

저렴하고
지속가능한 교통
체계 구축하기
11-2

모두의 사회, 경제,
정치 참여를
보장하기
10-2

모두의 대중교통

#버스는 나의 작업실

매일 운전면허증을 카드 지갑에 챙기지만, 그저 신분증일 뿐. 아주 당당한(?) 장롱면허인 나는 매일 대중교통을 이용해 이동한다. 집은 수원, 대학원은 서울. 왕복하면 짧게는 3시간, 가끔 늦어지면 4시간. 광역 버스, 지하철, 시내버스에서 평일에만 15~20시간을 보내고 있는 셈이다. 특히 M5107 버스는 나의 작업실이자 낮잠을 자는 휴게실처럼 느껴진다. 요즘은 공기 충전형 목베개도 들고 다니면서 본격적 휴식을 취할 만반의 준비를 갖췄다. 이제는 집-학교를 오가는 대중교통 최적의 경로가 지도 앱과 함께 머릿속에 착 그려진다.

지하철 빠른 환승 위치나 특정 광역 버스 줄 서는 위치 정보라든가, 버스가 설 만한 위치를 재빨리 인지할 수 있는 눈치와 감이라든가. 대중교통의 매너를 지키면서도 편하고 빠르게 움직일 수 있는 행동 습관마저 만들어졌다.

1시간 30분. 경기도민에게는 '마법의 시간'으로 불린다. 서울, 경기도 다른 지역, 수도권 외 지역 어디를 가도 대부분 1시간 30분이 걸리는 신기한 현상 탓에 붙여진 이름이다. 이렇듯 이동 거리도 길고, 환승도 많이 하니 자연스레 대중교통비는 생활비의 커다란 부분을 차지한다. 요즘은 평일 내내 등교하고 있어서 지난달 교통비만 165,900원이 나왔다. 그래도 좌절할 필요는 없다. 꾸준히 사용해 온 '알뜰교통카드'로 교통비의 10% 정도를 환급받았고, 또 2024년 5월부터 알뜰교통카드 사업을 잇는 'K-패스'로 월 60회 사용분까지 20%(일반)를 환급받을 수 있다.

지난달 교통비를 기준으로 하면 49,770원 환급 혜택을 받을 수 있으니 경제적 부담이 확실히 줄어든다.(내가 사는 지역에서는 만 39세까지 청년으로 인정해 줘서 30%나 할인받았다!)* 월 10만 원이 훌쩍 넘는 대중교통비가 적은 금액은 아니지만, 승용차를 운전하고 관리하는 것보다 훨씬 저렴하다. 환경 영향도 현저히 적을뿐더러 운전 전문가 기사님이

---

* 일부 지역에서는 K-패스를 기반으로 추가 혜택을 지원한다. 'The 경기 패스'는 청년 기준을 만 39세까지 확대해서 일반 20%보다 높은 30%를 할인을 해 주며, 만 65세 이상도 환급을 30%로 확대할 예정이라고 한다. 게다가 K-패스와 달리 지원 횟수의 상한이 없다. '인천 I-패스'도 같은 혜택을 지원한다.

운전하시는 동안 자거나 쉬거나 생각하거나 작업할 수 있으니 더 좋다.

◆ 더 빠른 대중교통

광역 버스, 특히 고속 도로를 통하는 버스를 탈 때면 묘한 쾌감을 느낄 때가 많다. 일반 도로는 정체되어 있어서 아주 느리게 달리는데, 고속 도로 버스 전용 차로에서 꽉 막힌 차들 옆을 쌩하고 달릴 때면 대중교통 이용하길 잘했다 싶다. 1994년 여름 휴가철에 한시적으로 시행된 고속 도로 버스 전용 차로는 꾸준히 운영 구간을 확대해 가며 효율성을 인정받았다. 하지만 전용 차로로 진입하는 고속 도로 나들목 구간은 버스와 차들이 엉켜 도로 정체가 생길 때도 생각보다 많다.

출발지에서 목적지까지 '급행'으로 이동할 수 있는 대중교통수단이 더 확보된다면, 자연스레 대중교통을 선택하는 사람들이 늘어날 수밖에 없다. 이를 위해서는 버스 정류장의 혼잡도를 줄여 주는 빠른 승차·환승 시스템이 세밀하게 필요하다. 복잡한 정류장, 전용 차로가 없는 도로 구간 등 정체를 유발하는 원인을 줄여 가면 대중교통 이용률도 더욱 높아질 것이다.

◆ 수요응답형 교통 체계

수요응답형 교통 체계(Demand Responsive Transit, DRT)는 신도시나 교통 취약 지역 등 이용자가 적고 교통 수요를 예측하기 어려운 지역에서 최근에 도입하고 있는 교통 체계다. 시내버스 요금으로 탈 수 있는 수요 응답 버스는 AI로 실시간 원하는 노선을 만들어 운행하고, 기존 대중교통수단과의 환승 할인도 된다. 월평균 5,000명이 이용하는 부산의 '타바라' 외에도 창원의 '누비다', 경기도의 '똑버스' 등 운영하는 지역이 늘고 있다. 예전 DRT 서비스는 읍면 지역에서만 운영할 수 있었지만, 최근 법이 개정되면서 대중교통이 부족하거나 환승 시설의 운행 횟수가 부족한 지역은 읍면 지역이 아니더라도 DRT 서비스를 운영할 수 있다.[7]

◆ 누구나 이동할 권리

자주 지나는 청량리시장 정류장에는 버스를 타는 어르신이 많다. 그런데 저상 버스가 아닌 일반 버스에 오를 때 마치 등반하듯이 어려움을 겪는 분을 많이 보게 된다. 아직 무릎이 짱짱한 나도 짧은 다리 탓에 속으로 '웃싸' 하고 기합을 넣으며 버스에 탈 때가 있는데, 장 본 물건까지 두 손 가득 든 어르신들은 훨씬 힘겨울 것이다.

국토교통부에 따르면, 전국 버스 중 34%만이 저상 버스인데, 그래도 서울은 63.7%로 도입률이 높은 편이다.[8] 하지만 2025년까지 100% 도입을 이뤄 내고 '약자와의 동행'을 추구하는 서울시가 되려면, '누구나 이동할 권리'에 대해 깊게 고민을 나누어야 한다. 단순히 저상 버스를 늘리는 것이 아니라 교통 약자의 관점을 반영한 다방면의 노력이 필요하다. 함께 대중교통을 이용하는 이들의 인식 개선부터 노선 및 정류장의 접근성 개선까지, 대중교통을 이용하는 일이 누구에게나 당연할 수 있어야 할 것이다.

ACT NOW 도움말

- 노인, 어린이, 장애인 등 누구나 안전하고 편리하게 이용할 수 있는 대중교통 환경인지 우리 주변을 살펴보자.
- 자전거는 도로교통법에서 '차'로 규정하고 있다. 경각심을 가지고 안전 수칙을 잘 지키자.
 : 음주 운전 하지 않기, 헬멧 등 안전 장치 착용하기, 자전거 타면서 휴대전화나 이어폰 사용하지 않기, 안전 속도 지키기, 운전 수신호 이용하기 등.
- 걷거나 자전거 타다가 발견하게 되는 도로의 위험한 지역은 '안전신문고' 앱을 통해 신고하자. 깨진 보도블록, 망가진 맨홀 뚜껑처럼 사고가 날 수 있는 곳의 사진과 위치를 표시해 신고하면 모두의 안전을 지킬 수 있다.

지속가능한 관광을
모니터링하는 도구
개발하기
12-B

지속가능하고 지역에
유익한 관광 산업
발전시키기
8-9

지속가능한 여행

#과잉 관광

팬데믹 때문에 하늘길, 바닷길이 막혀 이동이 자유롭지
못했던 시기가 끝나고 보복 여행이 폭발하며 세계 관광지에
사람이 몰려들고 있다. 이전처럼 언제든 여행을 떠날 수 있
게 된 것은 환영할 일이지만, 문제는 현지인의 삶이 침범될
정도로 심각한 수준에 이르렀다는 점이다. 이러한 현상을
과잉 관광(오버투어리즘)이라고 부르는데, 유럽에서는 더욱
심화되어 현지인들이 시위를 벌이기도 했다. 최근 유네스코
는 '오버투어리즘으로 위험에 처한 세계 유산 목록'에 이탈
리아 수상 도시 베네치아를 올릴 것을 권고했을 정도다.

당장 내 주변에서도 비슷한 사례를 찾을 수 있다. 세계 문화유산 화성이 있는 우리 동네 수원은 오랜 세월 성곽길을 품은 골목이 아기자기하고 예뻐서 드라마의 단골 촬영지가 되고, 행궁 근처 '행리단길'의 맛집과 카페들은 SNS에서 입소문을 타고 있다. 하지만 낯익은 가게와 추억 어린 골목이 방송되는 상황이 달갑지만은 않다. 드라마에 나오는 정겹고 여유로운 풍경은 카메라 안에서만 존재한다. 주말 느지막이 밥 한 끼 먹으려 해도 어디에나 줄이 늘어서 있고, 주차장은 당연히 만차에, 골목길은 관광객들의 소음으로 가득하다. 행궁동에 사는 친구는 동네에 마트, 세탁소 등 생활에 필요한 가게들은 폐업하고 카페만 생기고 있어서 불편을 겪고 있다고 한다.

해마다 관광객이 계속해서 늘어나면서 과잉 관광은 곳곳에서 큰 문제가 되고 있다. 유명 관광지들은 도시 입장료를 징수하거나 오래 사진을 찍으면 벌금을 매기는 셀카 벌금 제도를 도입하고, 관광 허용 시간제를 두는 정책을 실행해 이에 대응하고 있다. 우리나라 역시 주민들이 젠트리피케이션*으로 삶의 터전을 잃게 되거나 여행자들이 불쾌한 경험을 안고 가는 일이 없도록 대책을 마련해야 한다.

---

* 낙후된 지역에 부유한 사람들이 이주하면서 해당 지역의 경제와 사회가 변화하는 현상. 이로 인해 집값이 상승하고, 원주민이 쫓겨나거나 생활비가 증가하는 등의 문제가 발생할 수 있다. 젠트리피케이션은 지역 개발과 도시 재생의 긍정적인 측면과 함께 사회적 불평등을 초래할 수 있는 부정적인 측면을 가지고 있다.

'너무 여행지'가 되어 버린 곳에서는 생태계가 파괴되고, 교통 대란이 일어나고, 소음 공해와 엄청난 쓰레기가 발생하는 등 다양한 부작용이 발생한다. 과잉 관광에 몸살 앓는 일에 지쳐 버렸다면, 이제 색다른 여행을 떠나 보는 건 어떨까? 돈을 냈으니 내 마음대로 해도 된다는 생각에서 벗어나 존중과 배려의 여행을 계획해 보는 것이 그 시작이 될 수 있다.

죽음, 재난, 비극 등 부정적인 사건이 발생했던 장소를 방문하는 다크 투어(Dark Tour)는 그러한 새로운 여행 방식의 하나다. 어두운 역사를 이해하고, 깊이 있게 생각해 보면서 비극적 역사를 되풀이하지 않도록 교훈을 얻을 수 있다.

그외에도 한곳에서 오랫동안 머물며 그 장소의 사람, 문화, 자연을 진정으로 체험하는 슬로 투어(Slow Tour), 생물 다양성을 보존하고 지역 사회에 이익을 주는 동시에 교육적인 체험을 하는 생태 관광(Eco Tour) 등이 있다. 이러한 대안적 여행은 나만의 독특한 여행 경험을 만들어 준다. 더불어 지구의 한정된 자원을 보호하면서도 현지 문화를 경험하고 즐길 수 있는, 진정한 의미의 지속가능한 여행을 실현해 준다.

　지속가능한 여행은 개인의 가치관에 따라 다양한 방식으로 실천될 수 있다. 작년 여름, 한국과의 친선 도모와 교류 확대를 목적으로 키르기스스탄으로 여행 겸 연수를 다녀왔다. 전통 주거 형태인 유르트(Yurt)에서 자고 고산 지역에 오르며 여행 내내 그 지역을 깊게 느낄 수 있었다. 준비된 코스 중에는 승마 체험도 있었다. 유목 문화가 남아 있는 키르기스스탄에서 말은 가족이자 교통수단이며, 생활의 중심인 동시에 문화를 대표하는 중요한 상징이다. 아주 어릴 때부터 말을 타는 문화가 있어서 어린이들도 말을 타는 데 능숙하다고 한다. 여행하는 동안 말을 타고 양이나 소를 몰면서 풀을 뜯게 하는 광경을 자주 볼 수 있었다.

　아름다운 풍경 속에서 현지 문화를 체험할 수 있고, 지역 체험 가이드는 경제적 이득을 얻는다는 점에서 승마 체험은 지속가능한 여행의 한 사례가 될 수 있다. 하지만 나는 동물과 맞닿는 것을 좋아하지 않고, 가이드가 대부분 초등학교 저학년 정도의 어린 나이인 점이 마음에 걸렸다. 나중에 알아보니, 그 아이들은 학교 교육을 받지 않고 승마 가이드를 하며 생계를 책임진다고 한다. 우리의 여행에서 승마 체험은 의무가 아닌 자유 선택이었기에, 내가 생각하는 지속가능한 여행을 위해 나는 말을 타지 않기로 했다.

지구의 한정된 자원을 보호하면서도 다양한 문화와 경험을 즐기고, 여행지에 이익을 주는 지속가능한 여행을 위해서는 다음과 같은 원칙을 고려할 수 있다.

◆ 여행지의 사회·경제에 도움이 되자

대형 체인점이 아닌 지역 주민이 운영하는 숙박 업소나 현지 식당을 이용하고 현지 가이드를 고용하는 것을 통해, 지역 경제에 직접적인 이익을 주고 일자리를 지원할 수 있다. 즐겁게 소비하면서도 지역 사회의 발전에 기여하니 일거양득이다.

◆ 문화를 존중하자

여행지의 문화와 전통, 문화적 차이를 배우려는 자세를 가지는 것은 기본적인 예의다. 현지 사람들의 삶과 문화를 이해하고 존중한다면 더욱 깊고 풍부한 경험을 얻게 될 것이다.

◆ 환경을 보호하자

발생한 쓰레기를 제대로 처리하고, 자연을 손상하지 않으며, 대중교통을 이동하는 등 잠시 스쳐 가는 지역이라도 그곳에 살아가는 이들이 있음을 잊지 말아야 한다. 여행지에서 쓰레기를 주우며 환경 보호 활동에 동참해 보자.

◆ 현지 커뮤니티와 소통하고 교류하자

직접 대화를 나누고 서로를 이해하며, 현지 사람들의 삶에 대해 배운다면, 여행이 단순한 관광 활동이 아니라, 상호 존중과 이해를 바탕으로 한 교류의 장이 될 수 있다. 시야가 넓어지는 경험은 덤으로 주어진다.

◆ 지속가능한 여행에 관한 정보를 공유하고 인식을 확산하자

지속가능한 여행의 중요성을 알리고 좋은 사례를 공유함으로써, 더 많은 사람이 실천하도록 독려하자.

모두의 사회, 경제,
정치 참여를
보장하기
10-2

이제는 상호문화

#학교가 글로벌해졌다

캠퍼스를 돌아다니다 보면 한국어만큼이나 다른 나라의 언어를 흔히 듣게 된다. 유학생 숫자가 늘어난 것을 막연하게만 느끼고 있었는데, 2023년 행정안전부 보도자료에 따르면 실제로 전년 대비 20.9%가 늘었다.[9] 앞으로는 지역 소멸 위기 해소나 국가 경쟁력 강화를 위해 더욱 적극적으로 외국인 유학생 유치가 이루어질 예정이다.[10]

나의 대학원 동기 중에도 몽골에서 온 유학생이 있다. 한국어 실력이 뛰어나서 같이 공부하고 논의할 때 전혀 어색함이 느껴지지 않는다. 가끔 몽골 문화에 관해 얘기를 나눌

150

때에야 '외국인 주민이구나.' 실감하게 된다. 몽골 학교에서는 영어가 필수 과목이 아니고 러시아어와 함께 선택 과목이었다는 이야기, 수도 울란바토르의 모습이 한국의 도시와 매우 닮아 '몽탄(몽골+동탄) 신도시'라는 별칭이 있다는 이야기를 들으며 새로운 세계를 접한다.[1] 내 지식이 칭기즈 칸이나 고려-원나라의 역사에 머물러 있다는 사실에 부끄러워지는 동시에, 더 많은 나라의 사람들과 대화를 나누며 좁은 우물을 넓혀 갈 수 있겠다는 기대감이 생긴다.

#추석 광화문 광장에서 만난 인도네시아

학교 밖 일상에서도 외국인 주민이나 그들의 문화를 접하는 일이 점점 흔해지고 있다. 지난 추석에는 부모님과 함께 경복궁과 청와대에 다녀왔다. 명절 기간이니 서울 도심이 한산하겠다고 예상하며 광화문 광장을 지나 경복궁으로 걸어갔다. 조금은 쓸쓸한 풍경일지도 모르겠다는 생각과 달리, 몰려드는 인파에 휩쓸릴 정도로 사람들이 정말 많았다. 이리저리 치여 광화문 광장 옆을 걷고 있는 중에 흥겨운 노래가 광장에서 울려 퍼졌다.

알아들을 수는 없었지만, 화려하게 꾸민 무대 위에서 흘러나오는 음악은 인도네시아의 노래였다. 한국-인도네시아 수교 50주년을 기념하는 행사가 펼쳐지고 있었던 것이다.

추석 명절에 케이팝이나 풍물놀이 대신 인도네시아 노래를 듣는 건 낯선 경험이었지만, 어깨가 절로 들썩일 만큼 즐거웠다. 그간 익숙하게 떠올렸던 명절의 모습과는 조금 다를지 몰라도, 인도네시아 인기 밴드의 음악과 사람들의 환호가 합쳐지니 어느 때보다 한가위가 풍성하게 느껴졌다. 언제부터인가 명절에 TV를 틀면 외국인 주민의 노래 자랑, 한국 적응기 같은 프로그램이 자주 보인다. 그런 다문화 명절 풍경에 이미 익숙해진 덕일지도 모르겠다.

#다문화주의에서 상호문화주의로

한국 기성세대는 단일 민족 혹은 단일 문화라는 표현을 듣고 배우며 자랐다. 불과 몇10년 전만 해도 동네에서 외국인을 만나면 신기해하던 시절이 있었다. 그러다가 외국인 이웃이 드물지 않게 되자 외국인 주민을 배타적으로 대하는 관습을 타파하고자 '다문화 가족', '다문화 정책', '다문화주의'와 같은 개념이 도입되었다. 다문화라는 단어는 처음에 '단일 문화'에 비해 포용적인 의미로 쓰였지만, 어느 순간부터는 특정 집단을 비하하는 부정적인 언어로 사용되기도 했다.

다문화주의(Multiculturalism)는 "여러 문화의 존재를 현상적으로 기술하는 개념"[12]으로 단순히 서로 다른 문화의 존재를 수동적으로 인정하는 데 그친다. '너는 너, 나는 나'로 구별하고 서로의 문화를 이해하려는 노력은 거의 없었기 때문에 다문화에 대한 편견과 오해가 생겼다. 차별적이고 부정적인 인식이 확산하면서 사회적 갈등이 고조되기도 했다.

다문화주의의 한계를 극복하고자 2008년 유럽평의회는 상호문화 도시 개념을 제안했다. 상호문화주의(Interculturalism)는 서로의 문화를 인정하는 것에서 한 걸음 더 나아가, 대화와 교류를 통해 적극적으로 상호 작용하는 것을 목표로 한다. 이는 문화 간 경계와 장애물을 넘어서려는 능동적인 노력을 수반한다. 다문화주의가 문화적 차이의 인정을 강조한다면 상호문화주의는 통합을 강조한다.

이러한 개념을 바탕으로 한 상호문화 도시는 다양한 문화가 조화롭게 공존하며, 함께 새로운 문화를 창조해 나가는 공간을 지향한다. 우리나라에서 외국인 주민이 가장 많이 거주하는 안산시(10만 1850명)에서는 도시 재생 사업에 외국인과 내국인의 의견을 두루 반영하고, 문화 간 대화와 교류를 촉진하는 프로그램을 운영하는 등 상호문화 도시로의 변화를 모색하고 있다.[13]

- 한 달에 한 번 인종, 신념, 문화, 나이 등이 나와 다른 사람과 티타임을 가져 보자. 언어 교환 프로그램에 참여할 수도 있다.

- 어린이와 함께 공원이나 다른 공동 공간에 가서 다양한 사람들과 대화할 기회를 만들고, 다양한 문화를 소개하는 책을 읽자. 어릴 때부터 다양성을 자연스럽게 받아들일 수 있도록 도와주자.

- 학교, 회사, 지역 사회에서 상호문화 행사를 기획하거나 참여해 보자. 다른 나라의 음식, 언어, 생활 습관, 의복, 역사를 자주 접할수록 이해가 쉬워진다. 경험이 풍부해지면 역량 또한 자연스럽게 기를 수 있다.

최빈국의 과학,
기술, 혁신 역량
강화하기
17-8

대중적 정보 접근을
보장하고 기본적
자유 보호하기
16-10

'좋아요'로 지구를 파괴하지 않으려면*

#디지털 탄소발자국

영화를 인터넷으로 스트리밍하거나, 이메일을 보내거나, 인스타그램에 사진을 올리는 일상의 행동들은 모두 데이터 센터라는 거대한 컴퓨터 시스템을 작동시킨다. 이 시스템은 주로 화석 연료로 생산된 전력을 소비하고, 이때 대량의 탄소를 배출한다. 데이터 센터를 운영하는 과정에서는 전자 폐기물이 발생하는데, 이 폐기물들은 유해 물질을 배출해 토양과 수질을 오염시키기도 한다. 이처럼 인터넷을 사용하

---

* 『'좋아요'는 어떻게 지구를 파괴하는가』(기욤 피트롱 저, 갈라파고스, 2023)의 제목을 변용

거나 스마트폰, 컴퓨터 같은 디지털 기기를 쓸 때 발생하는 탄소 배출량을 '디지털 탄소발자국'이라 일컫는다.

눈에 보이지 않지만, 우리가 매일 사용하는 디지털 기기, 인터넷, 클라우드 서비스가 지구에 끼치는 영향은 예상보다 엄청나다. 책 『'좋아요'는 어떻게 지구를 파괴하는가』에 따르면 세계 디지털 산업의 생태발자국은 프랑스나 영국과 같은 국가의 세 배에 달한다. 현재 디지털 기술은 전 세계 전기 생산량의 10%, 이산화탄소 배출량의 4%를 차지한다.[14]

최근에는 데이터와 수학, IT가 결합해 빅데이터 모형이 탄생하면서 디지털 인프라의 생태발자국이 폭발적으로 증가하고 있다. 빅데이터와 AI 기술은 로봇, 자율주행 자동차 등 우리 생활 전반에 녹아들면서 환경에 막대한 영향을 미친다. AI는 재활용품을 정밀하게 판독하는 등 환경 보전에 쓰이기도 하지만, 동시에 엄청난 전력을 소모하고 온실가스를 배출한다.

특히 생성형 AI는 개발·운영 과정에서 막대한 전력을 소비해 '전기 먹는 하마'로 불린다. 한 장의 이미지를 만들려면 스마트폰을 완전히 충전하는 데 필요한 양의 전기가 소모된다. 챗지피티(ChatGPT)와 같은 생성형 AI에 무심코 던진 질문들의 디지털 탄소발자국이 이렇게 클 줄이야. 편리한 디지털 기술의 발전과 환경 보호 사이의 균형을 찾아가는 일은 오랜 과제로 남을 듯하다.

#흑백의 스마트폰

스마트폰의 스크린 타임을 확인할 때면, 누가 보는 것도 아닌데 얼굴이 빨개진다. 하루를 허비했다는 자책감이 몰려오면서, 내가 종일 찍었을 디지털 탄소발자국을 헤아리게 된다. 오늘 스마트폰을 8시간 10분이나 봤다고? 디지털 원어민이라고 불리는 알파 세대 중 40.1%가 '스마트폰 과의존 위험군'이라는 기사[15]속 이야기가 남의 일이 아니었다.

스마트폰 중독, 특히나 한번 보기 시작하면 하루를 삭제해 버릴 정도로 빠져들게 되는 숏폼 영상 중독에서 나를 건져 올리기로 했다. 가장 먼저 실행한 방법은 수시로 필요한 앱을 제외하고는 앱 사용 시간을 제한해 두는 것이었다. 제한 시간이 지나면 앱에 모래시계 표시가 뜨면서 사용할 수 없어진다. 시간이 제한되어 있으니, 무의식적으로 사용하다가도 번뜩 정신을 차린다.

스마트폰 중독의 해결책을 연구하는 전문가들에 따르면 스마트폰에 중독되는 이유 중 하나는 현란한 색깔 때문이라고 한다.[16] 반신반의하며 스마트폰을 흑백 모드로 바꿔 보았다. 화면이 흑백으로만 구현되니 형형색색 음식으로 입맛을 다시게 했던 먹방 영상이 지루해지고, 인터넷 서핑을 할 때 눈길을 끌던 반짝거리는 광고에도 흥미가 뚝 떨어진다.

흑백 스마트폰을 쓰다가 문득 고개를 들어 보면, 창밖 풍경이 더욱 다채롭고 활기차 보이고 계절의 변화도 새삼 선명하고 반갑게 느껴진다. 스마트폰을 바라보느라 빼앗겼던 시간도 되찾았다. 동네 숲 산책을 한 번 더 다녀오고, 도서관에 들러 새로 온 도서를 훑어보고, 익숙한 골목길 대신 새로운 길을 걸으며 뜻밖의 풍경을 발견할 수 있는 시간이 많이 생겼다. 디지털 세상보다 흥미로운 세상이 내 옆에 있다.

#사소하지만 효과적인 디지털 다이어트 방법

◆ 에너지 효율이 높은 디지털 기기를 선택해 전력 소비를 줄이자.

◆ '전기 흡혈귀'로 불리는 대기 전력을 차단하는 습관을 들이자. 사용하지 않는 기기의 플러그는 뽑아 두는 게 좋다.

◆ 셋톱박스는 필요할 때만 전원을 연결하고, 외출할 때는 꼭 끄자. 가전제품 중 가장 많은 대기 전력을 소비해서 대형 냉장고에 맞먹는 전기를 잡아먹는다.

◆ 불필요한 이메일, 각종 자료, 안 보는 뉴스레터, 중복된 파일을 정리해 보자. 사진을 쑤셔 넣고는 까맣게 잊어버리게 되는 데이터 저장 플랫폼을 주기적으로 살피는 것도 효과적인 방법이다. 강원도 영월군에서는 매월 셋째 주 수요

일마다 '디지털 탄소 다이어트 주간'을 운영해 행정 업무 시스템과 PC의 불필요한 자료를 정리하고 있는 등 이러한 실천이 기관 단위로도 확산하고 있다.[17]

◆ 자주 이용하는 웹사이트는 즐겨찾기로 저장해 바로 접속하자. 구글, 네이버, 다음 등 검색 엔진을 한 번 이용할 때마다 전구를 1~2분 동안 켜 놓은 것만큼의 전력이 소비된다.

◆ 동영상을 볼 때 셀룰러 데이터 대신 와이파이를 통해 감상하면 에너지를 23배나 절약할 수 있다. 또한 영상을 저화질로 보면 에너지 소비가 4~10배 줄어든다.[18]

대중적 정보 접근을
보장하고 기본적
자유 보호하기
16-10

지속가능발전을
위한 국제 협력
강화하기
17-16

윤리적 최소주의자의 소셜 미디어

#주류와 비주류, 그 사이에서 찾는 가치

요즘 소셜 미디어에서는 패션, 미용, 음식, 여행 등 개인의 삶을 공유하는 주제들이 가장 많이 보인다. 이런 콘텐츠들은 개인의 취향과 경험을 공유하고 일상의 소소한 즐거움을 찾아가는 과정을 보여 준다. 하지만 나의 소셜 미디어는 주류에서 조금 벗어난 내용으로 채워져 있다.

인스타그램 피드는 대부분 쓰레기 사진이다. '#같이 쓰레기 줍기'라는 해시태그를 사용해 언제 어디서나 쓰레기 줍기를 통해 환경 보호 활동에 동참할 수 있다는 것을 알리고, 함께하자고 독려하기 위해 꾸준히 사진을 올린다. 먹거리 사진을 올릴 때도 가급적 육식 메뉴 사진은 지양하고, 맛있게 먹을 수 있는 채식 메뉴, 요리법이나 식당 정보를 공유한다. 텀블러, 손수건 등 다회용품을 일상에서 사용하는 모습과 낡고 오래된 물건을 고쳐 쓰는 모습도 부러 올리곤 한다. 불필요한 소비는 절제하고 자원을 보호하는 작은 행동을 알리고 싶기 때문이다.

이처럼 나의 소셜 미디어 콘텐츠는 '지속가능발전'이라는 가치를 중심으로 업로드가 이루어진다. 지속가능발전은 단순히 큰 규모의 환경 정책이나 기업의 책임만을 의미하지 않는다. 개인의 작은 선택과 행동이 모여 지속가능한 발전을 이루는 큰 흐름을 만든다. 그래서 나의 소셜 미디어는 평범한 개인의 일상 속 실천을 담고 있다. 소소하지만 이러한 게시물들이 쌓여 지구 환경과 사회의 지속가능성에 관한 인식을 높일 수 있는 창구가 되었으면 한다.

이를 위해 과도한 소비를 조장하고, 육식을 권장하고, 불필요한 낭비를 미화하는 소셜 미디어 활동을 최대한 피하고 있다. 대신에 개인의 경험과 생각을 공유하는 도구로서 소셜 미디어의 긍정적인 힘을 이용해, 사회적 가치를 확산하는 플랫폼으로 활용한다. 환경 캠페인 서명 운동, 공정무역 제품 소비와 같은 내용을 알리며 사회적 차원의 변화를 도모하는 한편, 여기에 동참하는 일이 어렵지 않다고 알리고자 노력한다. 그렇게 '나의 선택'이 단순히 개인의 행동에 그치지 않고 세계의 지속가능발전에 실질적으로 이바지할 수 있음을 전하고자 한다.

#소셜 미디어를 할 때 생각하는 것들

소셜 미디어 플랫폼의 영향력을 알고 있기에, 게시물 업로드뿐만 아니라 전반적인 활동에 있어 염두에 두는 것들이 몇 가지 있다.

1. 지속가능발전 인식 확대

나의 소셜 미디어를 지속가능발전 홍보대사라고 생각하고, 지속가능발전이 추구하는 여러 주제에 폭넓게 관심을 가지고 관련한 내용을 작성한다.

2. 공정한 사회

빈곤, 교육, 건강에 대한 불평등 문제가 없는 공정한 세상을 위해 우리나라는 물론 지구촌의 사회 문제에 관심을 기울이고, 일련의 활동을 지지하는 릴레이 캠페인에 참여한다.

3. 차별 반대

인종, 장애, 성별, 종교, 나이의 차별에 반대하고 이를 타파하기 위해 노력하고, 관련 계정을 구독한다. 예를 들어, 수어를 이용하는 사람들을 이해하고 소통하기 위해 수어 교육 채널을 챙겨 본다. 이모티콘을 사용할 때는 인종을 색상으로 구분하여 쓰지 않고 기본 색상을 이용하거나, 다른 이모티콘을 사용한다.

4. 성평등 추구

성별에 상관없이 모든 사람이 동등한 기회를 가질 수 있도록 정보를 공유하고 그에 관한 생각을 담아 표현하려고 한다. 성 고정관념을 담은 표현이나 이미지 사용은 지양한다.

5. 생물 다양성

지구의 생명을 유지하는 데 필수적인 생물 다양성에 관심을 기울이고 사람들에게 알린다. 도시 속 생태계를 공부하고 다양한 생물종에 대한 지식을 익히고 있다. 생물 다양성을 기록하는 어플에 발견한 조류, 곤충 등 정보를 등록하고, 계절에 따라 변화하는 모습을 기록하기도 한다.

6. 저작권 보호

다른 사람의 작품을 인용하거나 공유할 때는 저작권을 존중한다. 소셜 미디어의 글과 그림을 직접 작성한 것이 아니라면 출처를 명시하고 필요한 경우 허가를 받으며, 다른 이가 고생해서 만든 창작물을 그대로 베껴 나의 것인 척 속이지 않는다.

7. 초상권 보호

사진이나 동영상을 공유할 때는 다른 사람의 얼굴이 찍히진

않았는지 확인한다. 단체 사진을 올릴 경우 사전에 모든 이의 동
의를 받지 않았다면 게재하지 않는다. 개인의 동의를 일일이 얻
기 어려운 사진이라면 반드시 모자이크 처리를 해 초상권을 침
해하지 않으려고 한다.

8. 개인정보 보호

내 개인정보뿐만 아니라 다른 사람의 개인정보가 담겨 있지
않은지 꼭 확인한다. 한번 게시한 후에는 완벽하게 삭제하기 어
려우니 늘 주의를 기울여야 한다.

9. 올바른 정보 전달

가짜 뉴스나 오해를 불러일으킬 수 있는 정보는 피한다. 정보
를 공유하기 전에 항상 출처를 확인하고, 가능하다면 원문을 링
크한다. 나의 그릇된 판단으로 잘못된 정보가 확산되지 않도록
조심한다.

10. 건강한 소통

소셜 미디어는 소통의 장인 만큼 서로를 존중하고 이해하는
긍정적인 대화를 하려고 한다. 누군가를 비방하거나, 무례한 표
현을 사용하지 않는다. 대면해서 말할 때는 농담이 되는 것도 소
셜 미디어에서 텍스트로 접할 때는 기분 나쁜 일이 될 수도 있으
니 표현에 특히 주의한다.

지속가능발전을
위한 국제 협력
강화하기
17-16

신뢰할 수 있는
데이터의 가용성
높이기
17-18

지속가능한
생활 방식에 대해
모두에게 알리기
12-8

환경도 구독되나요?

지속가능한 환경, 사회, 경제를 위해 할 수 있는 것은 무엇이든 하고 싶다. 하지만 하루는 24시간으로 한정되어 있고, 관심사는 계속 확장되다 보니 놓치는 부분이 생기곤 한다. 모든 것을 내가 다 할 수는 없다는 것을 인정하고 내가 선택한 방식은 '구독'이다. 여러 플랫폼을 구독해 틈틈이 새로운 정보를 습득하고, 꾸준히 실천할 수 있도록 용기를 얻고, 여러 환경 단체의 활동을 보며 자극을 받는다.

유엔에서 '액트 나우(ACT NOW)'*의 공식 플랫폼으로서 만든 앱이다. '지속가능발전목표'에 대한 인식을 제고하고, 시민들이 생활 속에서 실천할 수 있게 지원한다. 매일 지속가능발전에 관련된 에피소드를 소개하고 간단한 퀴즈를 풀 수 있어서, 기존 지식은 다시금 확인하고 새로운 사실을 배워 갈 수 있다.

　'기후 행동(Climate action)' 섹션에서는 에너지, 식량, 교통, 소비, 사회, 여행, 쓰레기, 물, 환경 분야에서 소소하게 할 수 있는 행동을 소개해 준다. 이런 행동을 할 때 이산화탄소 배출이 얼마큼 줄어드는지도 볼 수 있어서 변화에 기여하고 있음을 확인할 수 있다. 예를 들어 고체 비누 선택하기(0.089kgCO$_2$eq), 친환경 숙소 예약하기(0.25kgCO$_2$eq), 중고 가구 사기(220kgCO$_2$eq), 카풀 하기(5.1kgCO$_2$eq) 등이 있다.** 오늘 한 실천을 등록하면 전 세계 사람들의 행동으로 이산화탄소 배출을 얼마나 줄였는지도 볼 수 있다. 23,956,207!*** 차곡차곡 쌓인 행동들이 이만큼 이르렀다.

---

* 지속가능발전목표 달성을 위해 사람들이 행동하도록 독려하는 유엔의 캠페인. 더 건강한 지구에서 더 나은 삶을 위해 '지금 당장' 행동해야 함을 알리는 데 앞장선다.

** 괄호 안의 숫자는 해당 행동으로 인해 줄일 수 있는 이산화탄소의 배출량을 나타낸 것이다.

*** 2024년 10월 31일 12시 15분 기준

매주 토요일 밤 9시 40분, KBS 1TV에서 방송하는 시사 프로그램이다. 뉴스는 매일 챙겨 보지 못해도 이 프로그램만큼은 놓치지 않으려고 노력한다. "지금, 세계 곳곳에서 벌어지고 있는 생생한 사건들의 현장과 글로벌 핫이슈를 깊이 있고 알기 쉽게 소개해 드립니다."[19]라는 프로그램 취지에 딱 맞게, 전 세계의 사건을 자세히 다루고, 어떤 사건의 원인과 결과, 영향까지 전문가의 의견을 더해 줘서 생각할 거리를 가득 얻을 수 있다. 세계의 굵직한 흐름을 따라가다 보면 오히려 내가 살고 있는 지역의 문제, 상황을 이해하는 데 큰 도움이 될 때가 많다. 세상을 넓고 다르게 보고 싶은 마음으로 「특파원 보고 세계는 지금」을 꾸준히 시청하며, 여러 지역이 구성하고 있는 이 지구의 더 나은 내일을 위해 고민한다.

#환경에 관련 소식은, 여러 환경 단체를 통해서

그동안 네이버 블로그를 통해 혼자 실천하고 기록해 왔던 환경 공부의 한계를 느꼈을 때쯤 '쓰줍인(@sseujubin_official)'에 가입했다. 매주 금요일 새벽 5시 30분, 온라인 화상회의로 환경 스터디에 참여하면서 비슷한 가치관을 가진 사람들과 새로운 만남을 가지고 연대하는 감각도 알게 되었다. 각종 스터디(환경, 비건 에세이 쓰기), 쓰학여행(쓰레기+수학여행), 쓰줍(쓰레기 줍기 활동), 플라스틱 꽁초어택,《작은 것이 아름답다》읽기 모임 등 다채로운 활동을 함께하고 있어서, 느슨해지거나 매너리즘에 빠질 틈 없이 환경 실천의 동기가 꾸준히 샘솟는다. 매일 아침이면 쓰줍인 오픈채팅방에 '오늘의 주요 환경 기사'를 공유해 주시는 회원님 덕분에 매일의 환경 소식까지 발빠르게 전해 들을 수 있다.

쓰줍인 소식 외에도 여러 환경 단체의 뉴스레터를 구독하면 환경에 관한 단체별 의견을 살펴보며 생각을 정리할 수 있다. 언론에서 잘 다루지 않거나 놓친 부분에 대해 지적해 주는 경우도 많아서, 사안을 깊고 넓게 인식할 수 있는 시각을 길러 준다.

뉴스레터마다 각자의 특색 있는 주제와 접근 방식으로 환경 이슈를 다루는데, 그중에서도 '토일렛페이퍼클럽(@oxfamkorea)'은 화장실 이슈를 다룬다. 제대로 된 화장실을 사용할 수 없는 42억 명의 인구, 매일 더러운 화장실로 목숨을 잃는 700명의 아이들……. 전 세계 화장실 문제를 해결하기 위한 정보를 받아 볼 수 있고 캠페인 참여 기회도 얻을 수 있다.

'뉴스펭귄(@news.penguin)'은 멸종과 기후위기에 집중해서 솔루션을 모색하는 뉴스 매체다. 전자책으로 무료 배포하고 있는 '멸종 위기 교재'는 팔색조, 장수하늘소, 수달, 동강할미꽃 등 멸종 위기에 처한 여러 생명에 대해 자세히 다루고 있어 꼭 챙겨 본다.

청소년기후행동(@youth4climateaction.kr)에서 발행하는 '기행레터'는 복잡한 환경 문제를 쉽게 이해시켜 주는 요약 노트 형식의 레터다. 귀엽고 친근한 일러스트가 포함되어 있어 늘 소식을 기다리게 된다.

환경운동연합의 '누리아띠'*도 즐겨 읽는 뉴스레터다. 여러 활동과 캠페인, 교육 프로그램에 대한 안내를 담고 있어서, 탄원에 동참하는 등 직접 참여할 수 있는 정보를 받아 볼 수 있다.

서울환경연합은 별도의 뉴스레터 '위클리어스'**를 발행하고 있는데, 누리아띠보다 한 주제에 관한 조금 더 집중적이고 심층적인 정보를 제공한다. 에너지·기후, 생태, 생활환경 분야로 크게 분류하여 상세한 내용을 다루고 있고, 뉴스레터를 엮어 월간 잡지《함께 사는 길》로 출판해 배포한다.

* 누리아띠 구독 웹사이트: nuriatti.stibee.com
** 위클리어스 구독 웹사이트: ecoview.or.kr/weeklyearth

4 양질의 교육

지속가능발전과
세계 시민 의식
교육을 강화하기
4-7

앎과 삶

충청남도 홍성군에 있는 '풀무농업고등기술학교'의 개교
정신은 "일만 하면 소, 공부만 하면 도깨비. 일도 하고 공부
하는 사람이 되자."다. 이를 이어받아 마을에서 일과 공부,
삶과 앎이 하나 됨을 추구하는 홍성의 마을학회는 이름을
'일소공도'로 지었다. 일소공도는 일과 공부 중 하나에만 치
중하지 말고 '공부하는 소', '일하는 도깨비'가 되자고 제안
하는 모임이다.[20]

활동가로서 시민사회와 중간 지원 조직에서 일하며 늘 배
움이 아쉬웠던 나는 '공부하는 소'가 되기로 마음먹었다. 대

학교를 다닐 때는 대학원이 내 선택지에 전혀 없었는데도, 현장에서 일을 하면서 알고 싶은 것들이 많아지니 자연스럽게 대학원을 가게 되었다. 내게 부족하다고 느꼈던 활동의 전문 지식을 석사 과정에서 접할 수 있었다.

그렇게 비정부기구학(NGO) 석사 학위를 취득하고 나니까 이번에는 본격적으로 정책을 공부하고 싶어졌다. 박사 과정에서는 지속가능한 사회를 만들기 위한 정책과 제도를 더 자세하게 배우고자 도시행정학과에 입학했다. 하지만 다니던 회사를 그만두고 전업 대학원생이 되어 공부에 전념하다 보니, 현장과 실제 활동에서 너무 멀어지지 않는지 경계하게 된다. 이제는 '일하는 도깨비'를 다시 바라게 되었다.

#활동 연구가

연구자와 활동가 그 사이 어디쯤, 아니면 둘 다. 활동하면서 연구도 하는 활동 연구가(Activist Researcher)가 내가 지향하는 '일하는 도깨비'다. 활동 연구가는 특정 주제에 대한 학문적 탐구와 사회적 활동을 통해 양면적인 역할을 수행하면서, 사회의 변화와 발전에 기여한다.

내 꿈은 50년 후 오늘을 회상하며 "그땐 세상이 더럽고, 살기 나빴지."라고 말할 수 있는 할머니가 되는 것이다. 이를 위해 활동 연구가로서 보다 지속가능한 미래를 만들기 위한 활동에 동참하고, 관련된 연구를 하는 것이 나의 목표다. 요즘은 쓰레기 종량제의 지역별 변화를 분석해서 더 효과적인 폐기물 처리 정책을 제안하는 것이나 기후위기에 적응하기 위한 지역 맞춤 정책을 발굴하는 것, 우리 동네의 지속가능성을 환경, 사회, 경제 측면에서 평가하고 개선 방안을 모색하는 것에 관심이 있다.

연구가로서 연구 능력을 갖추고, 연구 결과를 더 쉽고 명확하게 전달하는 방법을 고민하는 동시에 활동가로서 현장에서 목소리를 내고 다른 목소리를 들으며, 역사의 순간을 함께하고 싶은 욕심도 가득하다. 공부와 일, 앎과 삶, 둘 다 녹록지 않기에 도전하는 맛이 있다. 원래 목표는 원대하게 세워 두는 법이니 말이다.

#우문현답

한 시민단체 활동가의 건배사는 늘 '우문현답'이다. "우리의 문제는 현장에 답이 있다!" 그의 건배사를 듣고 난 이후, 나도 어딘가 자리가 생기면 꼭 같은 건배사를 따라 하게 된다. 삶에서 발생하는 수많은 문제의 답이 바로 그 삶 속에 있다. 그래서 우리는 삶을 통해서 배우고, 배우면서 살아간다.

사토 잇사이의 평생학습론 '삼학계'는 이러한 철학을 뒷받침한다. "소년 시절에 배워 두면 장년에 도움이 되어 무언가

이룰 수 있다. 장년에 배워 두면 늙어서도 기력이 쇠하지 않는다. 노년에 배워 두면 죽어서도 그 이름이 스러지지 않는다."[21]라는 이념이다. 어려서 배우고, 커서 배우고, 늙어서 배우고…… 당장 내 삶만 돌아봐도 배움에는 끝이 없다. 나의 지도 교수 이태화 교수님도 박사에겐 평생 고등학교 3학년으로 산다는 마음가짐이 필요하다고 하셨지 않는가.

배움과 실천, 앎과 삶의 불일치가 매순간 일어나지만, 그 불일치를 해소하려 몸부림치는 하루하루다. "누군가 해야 할 일이면 내가 하고, 언젠가 해야 할 일이면 지금 하고, 어차피 꼭 해야 할 일이면 최선을 다하자." 우연히 충주의 어느 학교 앞 돌에서 발견한 문구가 머릿속을 맴돈다. 그래! 내가, 지금, 최선을 다해서 실천하자. 그러면 그 안에 우리가 찾는 답이 있겠지.

모두의 사회, 경제,
정치 참여를
보장하기
10-2

호응성, 포용성,
대표성 있는
의사 결정 보장하기
16-7

함께 세상을 보는 법

  새로운 지식을 얻게 되거나 새로운 관점을 가진 사람을 만날 때면, 문득 나의 세계가 얼마나 좁은지 깨닫고 놀라게 된다. 나의 무지로 인한 행동이 누군가에겐 장벽과 차별이 된다는 사실을 알게 될수록 내 뻣뻣한 세계관이 깨지는 순간들을 자주 마주한다. 좀 더 포용적인 세상을 만들고 싶은 '윤리적 최소주의자'가 새롭게 세상을 대하는 방법을 소개해 본다.

"다른 건 모르겠고, 글씨는 크게 해라. 요즘 책들은 글씨가 너무 작아서 볼 수가 없다." 첫 책 『제로 웨이스트는 처음인데요』의 출판 계약 소식을 전했을 때, 엄마가 가장 먼저 하신 말씀이다. 그 이야기를 듣고 출판사 편집자님과 책의 만듦새를 논의하면서, 홍보 띠지를 빼고 친환경 인증 종이를 쓰는 등의 환경적인 고민에 더해, 글씨 크기를 가능한 크게 하고 가독성을 높여 달라는 요청을 했더랬다. 책의 내용을 잘 다듬는 것만큼이나 '읽기 편한 책'을 중요하게 생각했기 때문이다.

엄마의 의견을 반영해 시중의 도서보다 큰 글씨로 만든 책은 나이가 지긋한 독자 분들에게 긍정적인 반응을 얻었다. "글씨가 크니까 오랜만에 책을 읽을 수 있었다." "생활 속 제로 웨이스트를 실천하는 모습이 기특하다."는 칭찬이 담긴 소감을 들을 수 있었다.

「장애인·노인·임산부 등의 편의증진 보장에 관한 법률」에서는 "일상생활에서 이동, 시설 이용 및 정보 접근 등에 불편을 느끼는 사람"을 "장애인 등"이라고 정의한다.[22] 이는 장애를 개인의 신체적·정신적 결함이 아니라 사회 속에서 발생하는 어려움으로 인식하는 것이다. 우리는 누구나 일상생활에서 크고 작은 불편을 경험하며, 사회 안에서 어려움을 겪는 위치에 놓이기도 한다. 따라서 그 불편을 해소하려고 노력함으로써 타인을 향한 단순한 이해와 배려를 넘어, 모두를 위한 포용적인 사회를 만드는 적극적인 연대에 동참할 수 있다.

#WeThe15

'위더피프틴(@WeThe15)' 캠페인은 전 세계 80억 인구의 15%에 해당하는 12억 명 장애인에 대한 차별 종식을 위한 전 지구적 인권 운동이다. 장애가 비정상이 아니라는 분명한 메시지를 던지며, 장애에 대한 사회적 인식을 개선해 모든 이가 사회의 능동적인 구성원으로 온전히 참여할 수 있는 세상을 추구한다.

그런데 이들이 추산한 전 세계 장애인 비율 15%와는 달리, 우리나라의 등록장애인은 전체 인구 대비 5.2%다.(2022년 기준)[23] 왜 우리나라 장애 출현율은 현저히 낮을까? 위더피프틴은 장애의 범주에 동등한 사회 참여를 제한하는 감각적·사회적·심리적 어려움까지 모두 포함하는 반면, 우리나라는 장애의 범주를 발달·시각·지적 장애와 같은 '신체적·정신적 손상'으로 한정하고 있기 때문이다.

실제로 많은 나라들은 세계보건기구(WHO)와 국제기능장애건강분류(ICF)의 권고에 따라 일시적 질병, 사회환경적 요인 등 다양하고 포괄적인 요인을 장애 범주로 포함하는 추세다. 예를 들어 스웨덴은 의사소통이 어려운 이민자를 '사회적 장애'로 보기도 한다. 개인과 사회의 상호 작용에서 장애가 발생해 사회 활동 참여에 어려움을 겪는 은둔형 외톨이도 사회적 장애에 포함되어야 한다는 주장도 있다. 이와 같이 확장된 정의 하에서는 사람들이 복지의 사각지대에 놓일 가능성을 줄일 수 있다.

#색각 이상 친화적 색상

얼마 전 흥미로운 일화를 전해 들었다. 학술 논문에 포함된 그래프와 그림이 '색각 이상 친화적'이지 않다는 심사평을 들어서 색상을 수정했다는 이야기였다. 색각 이상 친화적? 난생처음 접하는 단어였다. 그러던 중 "색각 이상을 위한 컬러링(Coloring for Colorblindness)" 웹사이트를 발견하게 되었는데, 이 사이트는 다양한 색상이 색각 이상을 가진 사람에게 어떻게 인식되는지 시뮬레이션으로 보여 준다.[24] 내가 흔히 알던 "빨주노초파남보" 무지개 색이 색각 이상 분류에 따라 전혀 다르게 나타나고 있었다.

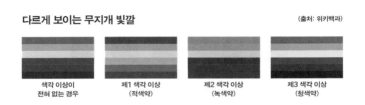

다르게 보이는 무지개 빛깔　　　　　　　　(출처: 위키백과)

색각 이상이 전혀 없는 경우	제1 색각 이상 (적색약)	제2 색각 이상 (녹색약)	제3 색각 이상 (청색약)

강조하거나 쉽게 구분하기 위해 당연하게 사용했던 색깔들이, 어떤 이들에게는 정보를 전달하기 부적합했다는 사실을 그제야 깨달았다. 이후로는 색으로만 정보를 전달하는 것을 웬만하면 피하고 있다. 그래프를 그릴 때는 색상으로만 차이를 주지 않고, 패턴이나 기호를 추가하는 방식으로 표시한다. 글을 강조할 때도 빨간색 표시 대신 이탤릭체나 굵은 글씨체, 밑줄 등 방식을 바꿔 표시하게 되었다. 색으로만 구분해야 하는 상황에는 "색각 이상을 위한 컬러링" 사이트의 팔레트를 참고 한다.

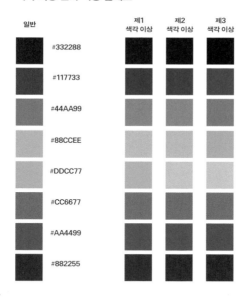

색각 이상 친화 색상 팔레트*

* "색각 이상을 위한 컬러링" 웹사이트(davidmathlogic.com/colorblind/)의 Paul Tol 팔레트를 참고했다.

왼쪽의 색각 이상 친화 색상 팔레트는 첫 번째 열의 기본 색상이 서로 다른 유형의 색각 이상에서도 잘 구분될 수 있도록 세심하게 조정된 것이다. 옆에 쓰인 색상 번호를 참고해서 사용하면, 제1·제2·제3 색각 이상을 가진 사람들의 불편을 조금이나마 덜 수 있는, 포용적인 색상을 사용할 수 있다. 이렇게 조금씩, 내가 보는 세상이 전부가 아니라는 걸 함께 알아가 보자.

ACT NOW 도움말

- 차별이나 혐오를 담은 언어를 쓰지 않도록 노력하자. 선택 장애, 꿀 먹은 벙어리, 장님 문고리 잡듯, 파행(절름발이의 걸음) 등 널리 쓰이지만 장애를 비하하는 관점이 내재된 단어들이 많다.
벙어리장갑 대신 손모아장갑, 불법 체류자 대신 미등록 체류자, 신용 불량자 대신 금융 채무 불이행자로 바꾸어 쓰자. 특히 요즘 널리 쓰이는 '~린이', '잼민이'는 어린이를 독립된 존재로 존중하지 않고 낮잡아 부르는 표현이다. '초보자'라는 적절한 단어가 이미 있다!

- 도시에 장애물 없는 공공건물이 더 많이 들어서도록 주변 환경에 관심을 기울이자. 나이나 심신의 능력, 사용 환경에 상관없이 많은 사람이 손쉽게 사용할 수 있도록 시설물, 제품, 서비스를 설계하는 것을 의미하는 '유니버설 디자인(Universal Design)'이 반영될 수 있도록 살펴보자.
거리에서부터 건물로 들어갈 때 높이 차이가 없는지, 가족 혹은 보호자와 함께 사용할 수 있는 다목적 화장실이 있는지, 어린이나 외국인도 쉽게 이해할 수 있는 안내 표지가 있는지 등을 찾아보자.

경제적 자원과 서비스에 대한 평등한 권리 보장하기
1-4

소득 격차 줄이기
10-1

빈곤, 외면할 수 없는 우리의 문제

#빈곤은 사회적 문제

'텅 빈 냄비처럼 내 배도 텅 비었다.'는 의미로 빈 냄비(카세롤라)를 두드리는 아르헨티나의 카세롤라소(Cacerolazo) 시위는 빈곤층의 불만이 폭발한 결과이자 사회적 불평등에 대한 절규였다.[25] 도시의 거리는 분노에 찬 목소리와 냄비를 두드리는 소리로 가득 찼다. 시위자들의 주된 요구는 더 나은 삶, 공정한 기회, 그리고 무엇보다도 생존의 기본, 먹고 살기 위한 최소한의 조건을 보장해 달라는 것이었다.

현재 자본주의 체제에서는 부의 양극화가 심해지고 있으며, 격차가 벌어질수록 빈곤층의 고통은 다방면으로 깊어진다. 빈곤은 단지 물질적인 부족함을 넘어서 사회적인 문제로 이어지기 때문이다. 빈곤층은 교육과 건강 관리 같은 기본적인 사회 서비스에 대한 접근성이 떨어지고, 그로 인해 사회적 기회를 잃게 된다.

이렇듯 빈곤은 개인의 의지와 상관없이 악순환을 거듭한다. 그러므로 빈곤을 개인의 문제로 축소한다면 제대로 된 해법을 찾을 수 없다. 사회 전체가 빈곤층의 목소리를 듣고, 그들의 삶을 이해하며, 공정한 기회를 제공하며 빈곤 문제 해결에 함께 나서야 한다. 지속가능발전목표에서 "모든 곳에서 모든 형태의 빈곤 종식"을 첫 번째 목표로 삼을 만큼 빈곤의 해결은 지속가능한 사회를 만드는 데 중요한 과제다.

#한국의 심각한 소득 양극화

거리에서 텅 빈 냄비를 두드리는 일은 없지만, 우리나라의 빈곤과 소득격차도 심화되고 있다. 사회의 양극화된 소득 상황을 보여 주는 '팔마 비율'은 상위 10%와 하위 40%의 소득과 부를 비교하는 지표로, 값이 클수록 불평등이 심각하다는 것을 뜻한다.[26] 안정된 사회를 유지할 수 있는 팔마 비율을 1.0배로 보는데, 한국 사회의 팔마 비율은 코로나 시기를 거치며 3.9배로 치솟았다.(2021년 통합소득 기준)[27] 이는 상위 10%의 소득이 하위 40%의 소득보다 거의

네 배 높다는 것을 의미한다.

팔마 비율이 보여 주듯 코로나19 팬데믹은 위기를 가져왔지만, 모든 국가가 우리나라와 같은 결과를 받아든 것은 아니다. 복지가 발전한 북유럽 국가들은 팬데믹을 계기로 기존 사회 보장 정책을 강화하고 새로운 정책을 도입했다. 지난 100년간 25개국을 조사한 유엔개발계획(UNDP)의 「경제 위기와 불평등」(2011) 보고서에 담겨 있듯, 경제 위기 이후 불평등이 증가할 수 있으나, 정부가 적극적으로 개입해 복지 정책과 재정을 투입하면 불평등을 완화할 수 있다.

심화된 경제적 불평등은 형벌의 불평등으로 이어지기도 한다. 우리나라는 소득 상위 1%가 전체 부의 11.7%를 차지하는 반면,[28] 100만 원 이하 벌금을 내지 못해 감옥에 가는 극빈층의 사례가 한해에만 1만 4034건(2023년 기준)에 이른다. 가난한 사람들에게는 벌금형이 어떤 처벌보다도 가혹해지는 셈이다.[29]

세대별 빈곤 문제도 심각하다. 66세 이상 한국 노인 빈곤율이 40%로 OECD 국가 중 1위를 기록했고, 76세 이상은 52%로 더욱 높은 수치를 나타냈다. 미국과 호주, 일본의 노인 빈곤율이 20%대고, 프랑스와 덴마크는 3~4% 수준인 것과 비교하면 처참한 수치다.[30] 기대수명은 점점 높아지고 고령화는 심화되지만 한국의 공적 연금 체계는 여전히 취약하다. 통계청의 '2022년 연금통계'에 따르면, 65세 이상 노인의 월평균 수급액은 65만 원에 불과하고, 중위금액은 더욱 낮은 41.9만 원이다. 긴 노후 생활을 영위하기에는 턱없이 부족한 금액이다.

노인 빈곤뿐만 아니라 청년 빈곤도 문제다. 오늘날 한국을 살아가고 있는, 이른바 MZ 세대(1980년대 초~2000년대 초 출생자)는 '부모보다 가난한 최초의 세대'로 묘사되곤 한다.[31] 많은 것을 '포기'하고 살고 있는 N포 세대면서, 소액 생계비 대출 이자도 내기 어려워 기초적인 생활을 꾸리기조차 버거운 청년들이 많다. 특히 비정규직 일자리의 증가와 높은 청년 실업률은 청년들의 경제적 자립을 어렵게 만들고 있다. 청년 실업률은 2023년보다 줄었지만, 특별한 이유 없이 '그냥 쉬는' 비경제활동 청년 인구는 늘어나면서 실업률로만은 판단하기 어려운 청년층의 또 다른 고난이 생겨나고 있다.

#환경 문제가 심화시키는 사회경제적 불평등

가난은 임금님도 구제 못 한다지만, 손 놓고 볼 수만은 없는 일이다. 이러한 사회경제적 불평등 문제는 환경 문제와도 밀접하게 연관되어 있기 때문이다. 예를 들어, 해수면이 상승하면서 침수나 홍수 피해가 발생하기 쉬운 지역의 집값은 떨어지고, 반대로 안전한 높은 지대의 집값은 상승한다. 높은 집값을 부담할 수 없는 사람들은 위험한 지역으로 떠밀

리게 된다. 또한 폭염, 폭우, 태풍 등의 자연재해는 농수산
물에 피해를 주어 물가 상승을 초래한다. 신선 식품이 비싸
지면 경제적으로 어려운 사람들은 건강한 식단을 유지하는
기본적인 일조차 어려워진다.

이처럼 빈곤층일수록 환경 오염과 기후변화의 부정적 영
향에 더 취약하므로, 환경과 사회경제적 정의는 함께 추구
되어야 한다. 빈곤 퇴치와 환경 보호를 별개의 문제가 아니
라 상호 연관된 과제로 인식하고 이를 위한 통합적인 접근
이 필요하다. 친환경 정책을 설계할 때도 빈곤층의 부담을
고려하고, 녹색 일자리를 우선적으로 창출하는 등 우리 사
회가 지속가능한 발전을 이루기 위해서는 입체적인 정책과
실천이 필요하다.

저렴하고 안전한
주택 보급하기
11-1

모두를 위한
지속가능한 도시
만들기
11-3

고령화 시대, 어떻게 살아갈까?

#외할머니의 마지막 물건 두 가지

2019년 외할머니가 돌아가셨다. 남동생들처럼 서당도 소학교, 대학교도 다니고 싶었던, 운동회에서 달리기로 일등상을 받아 너무 즐거워했던 우리 외할머니는 삶의 마지막 5년을 요양 병원의 작은 침대 위에서 보냈다. 그녀의 이름으로 남은 물건이라고는 빨대 컵과 수면 양말이 전부였다.

삶의 결정권을 잃은 할머니의 마지막 모습은 아직도 선명하다. 쉰에 오토바이 사고로 한쪽 팔과 다리가 마비되었지만, 할머니는 여든넷까지 적극적으로 본인의 생활을 꾸려 나갔다. 그러다 건강이 급격히 악화되면서 할머니가 직접

할 수 있는 일이 점점 줄어들었다. 화장실 대신 기저귀, 숟가락 대신 잘게 갈아 낸 음식을 마시는 빨대를 사용하며 할머니의 삶의 질은 뚝뚝 떨어졌다.

할머니를 가장 속상하게 한 것은 요양 병원이었다. '나를 이곳에 버리고 갔다.', '여기는 죽어야만 나갈 수 있는 곳이다.'라는 공포와 분노, 외로움이 할머니를 힘들게 했다. 연명에 가까운 요양 병원에서의 일상은 그간 할머니가 꾸려 온 주체적인 삶과는 판이하게 달랐다. 하루하루를 함께 보내는 외국인 간병인과는 언어 장벽으로 의사소통을 할 수 없었다. 대화가 단절된 공간에서 지내며 점차 말수가 줄어들더니 어느새 대답도, 대꾸도 사라졌다.

외할머니는 그해 여름 세상을 떠났다. 외할아버지와 합장한 묘로 내리는 할머니의 시신은 아주 자그마했다. 돌아오는 길, 이제는 하늘나라에서 편안하실 거라고, 남은 가족들은 서로를 위로하는 말을 주고받을 뿐이었다.

#로푸키리, 마지막 전력 질주

주변을 둘러봐도 할머니와 비슷한 상황이 대부분인데, 핀란드에는 조금 다른 노년의 삶이 가능한 곳이 있다. 핀란드 헬싱키에 있는 로푸키리(Loppukiri)는 입주자의 평균 나이가 일흔 이상인 은퇴자 주택이다. 핀란드어로 '마지막 전력 질주'를 뜻하는 이 주택은 은퇴한 네 명의 할머니가 '요양원 같은 시설로 가지 말고 노인들이 함께 모여 살 수 있는 집을 만들자.'며 의기투합해 만든 집이다.

1990년 초반, 소련의 붕괴와 부동산 버블, 금융 위기로 핀란드의 경제가 침체되었다. 정부는 재정 긴축을 위해 노인 복지 예산을 대폭 삭감했고, 이후 노인들의 자살률이 치솟는 등 노인 문제가 심각해졌다. 로푸키리는 이러한 배경 속에서 헬싱키의 노인들이 스스로 문제를 해결해 보겠다는 취지로 탄생했다.[32]

할머니들은 곧바로 협동조합을 꾸리고는 노인에게 최적화된 아파트를 짓기 위해 직접 전문가를 찾아다니는 한편, 설계부터 가구를 고르는 일까지 깊숙이 참여했다. 헬싱키시에는 아파트 부지 지원을 요청했고, 시는 이 프로젝트를 위해 보유한 땅을 저렴하게 임대해 줬다.[33] 노인들이 모여 살며 돌봄 서비스를 받는 단순한 공간이 아닌, 외부의 도움 없이 식사 준비부터 정원 관리까지 직접 해 나가는 오로지 '노인에 의한, 노인을 위한' 주거 공동체는 그렇게 시작되었다.

로푸키리 웹사이트에 소개된 입주자들의 다양한 취미 활동, 문화 활동의 사진 속 어르신들의 모습은 생기가 넘친다. 근처 바다에서 물놀이를 하고 언덕에서 썰매를 타는 모습, 핼러윈 분장을 한 사진 등에서 '내 집은 주민들이 직접 만든 문화의 집'이라는 자부심이 느껴진다. 그 집에 사는 어르신들의 마지막 전력 질주가 부럽고 아름다워 눈이 찡했다.

KBS「시사기획 창-엄마의 마지막 집」이라는 방송을 엄마와 함께 보게 되었다. '생의 끄트머리, 어디에서 살다 죽을지 생각해 보셨습니까?'라는 질문에 답하는 여러 어르신의 인터뷰가 이어졌다. 살던 시골집에 홀로 지낼 수 있을 때까지 살겠다, 가족과 정기적으로 만날 수 있는 요양 시설에서 살겠다, 실버 모델로 제2의 인생을 살고 있지만 이후 주거에 대해서는 아직 해결책을 못 찾았다……

방송을 보면서 할머니, 할아버지가 편히 쓰실 수 있도록 화장실 문턱을 없애고 안전바를 설치하는 공사를 했던 일본 친구의 집이 떠올랐다. 그제서야 단순히 요양 병원이냐 집이냐 하는 선택 외에, 집에서 안전한 노후를 보내기 위해 필요한 구체적인 변화들에 대한 고민이 적었다는 것을 깨달았다. 자연스레 부모님과 '집'에 대한 이야기를 나누게 되었다.

"아직 (부모님 모두) 건강하시니까 집에 특별히 시설이 필요한 상황은 아니지만, 몇 년 후에는 화장실이며 집안 곳곳에 안전시설을 설치해야 할 것 같아. 복도에 지탱할 수 있는 수평 손잡이를 설치하는 집도 많대. 응급 상황에 도움을 요청할 수 있는 비상벨도 설치하자."

인구 구성비가 변화하면서 노후 리모델링에 관심이 모이고, '초품아(초등학교를 품은 아파트)'에서 '병품아(병원을 품은 아파트)'로 선호도가 변화하고 있다. 2025년이면 우리나라는 노인 인구의 비중이 20%를 초과하는 초고령사회에 진입한다. 심지어 2070년이면 노인이 전체 인구의 절반을 차지한다는데, 아직 고령 친화 주거 공간에 대한 논의는 한참 부족하다.

만약 생의 마지막 집을 선택할 수 있었다면 외할머니는 요양 병원이 아니라 '마지막 전력 질주' 주거 공동체를 고르셨을 것이다. 편안하지만 단절된 공간보다는, 존엄성과 자율성을 지키며 삶의 의미를 만들어 나가는 '집'을 원하셨을 테니 말이다. 나의 마지막 집은 어떤 모습일까 궁금해진다. 많은 지구 동료들과 주도적이고 건강하게 그 집을 한껏 누릴 수 있기를 바란다.

5 성평등 실현

여성과 여아에 대한
차별을 철폐하기*
5-1

10 불평등 해소

모두의 사회, 경제,
정치 참여를
보장하기
10-2

차별에서 평등으로

#시대에 따라 변하는 이야기

산허리는 온통 메밀밭이어서

피기 시작한 꽃이 소금을 뿌린 듯이 흐뭇한 달빛에 숨이 막힐

지경이다.

—『메밀꽃 필 무렵』, 이효석

---

* 유엔의 지속가능발전목표 17개 중 목표 5(성평등 실현)는 성평등 및 여성/여아의 역량
강화를 다룬다. 이처럼 성평등 관련 목표가 별도로 설정되어 있지만, 사실상 모든 목표에
성평등 관점이 반영되어 있다. 예를 들어, 목표 1(빈곤 타파)에서는 여성의 경제적 소외와
재산권 불평등을, 목표 3(건강과 복지)에서는 여성 보건 및 의료 서비스 접근성을, 목표
11(지속가능한 도시와 공동체)에서는 도시에서의 여성 안전과 이동권 등을 다룬다.
지속가능발전을 위한 제반 분야에서 여성 삶의 특수성을 고려하도록 한 것이다.

교과서에서 본 한 구절에 끌려 강원도 봉평에서 열리는 '효석문화제'에 가 보자고 이야기한 것이 벌써 수년째였다. 소금을 뿌린 듯하다는 메밀꽃의 모습을 기대하며, 드디어 지난 주말, 부모님과 메밀꽃을 보러 여행을 떠났다. 기차를 타고 다다른 봉평은 온통 메밀밭으로 뒤덮여 있었다. 메밀밭을 지나 도착한 효석문화관에서 마침 흑백 영화 「메밀꽃 필 무렵」(1967)을 상영했다.

영화를 보면서 적잖이 충격을 받았다. 학창 시절 문학 시험 지문으로 읽은 주인공 허 생원과 분이의 첫날밤 이야기는 낭만적이었던 듯한데, 영화 속의 그 장면은 무척 불편하게 느껴진 탓이다. 달 밝은 밤 물방앗간에서 울고 있던 분이는 우연히 허 생원과 마주치고 첫날밤을 보내게 된다. 영화에서 분이는 작게 반항하다 이내 순응한 듯 보이지만, 이런 반응에서 당시 여성들이 처했던 사회적 제약을 떠올리지 않을 수 없었다. 허 생원이 달밤이면 하고 또 한다는 그날의 이야기는 사랑 이야기가 아니라 성별 위계 문제가 얽힌 '범죄 이야기' 같다.

당시 시대상에서는 당연하게 여겨졌던 관습들도 100년 후의 내게는 다르게 다가왔다. 300냥에 '팔리는' 딸, 500냥으로 팔렸다가 '환불'당하는 여성. 가부장적인 사회 시스템 아래 자기 결정권을 박탈당한 여성들의 삶의 궤적을 지켜보는 것이 참담하면서도, 예전에는 그것이 흔한 상황이었다는 사실에 두려움이 들었다.

영화에는 내게 아주 익숙한 이야기도 있었다. 조 선달의 아내가 딸을 낳는 과정에서 조 선달의 '상투'는 아내의 손에 쥐어뜯길 듯이 잡히고 만다. 아이의 성별이 확인되자 그는 "상투값도 못했다."라고 말한다.[34]

밀레니얼 세대인 내가 태어났을 때도 분위기는 크게 다르지 않았다. 표현은 덜 노골적이었을지 몰라도 딸의 탄생은 자연스레 아들인 둘째의 필요성으로 이어졌다. 외할머니는 왜소한 체격으로 힘겹게 나를 낳은 엄마를 보며, 둘째는 또 어떻게 낳느냐며 눈물을 보이셨다. 몇 년 후 남동생이 태어났다. "수지맞았다."라며 손뼉을 치며 기뻐하는 할머니를 따라, 말을 배우기 시작한 나도 온 병원을 쏘다니면서 외쳤다. "수지맞았다!"

아들을 낳을 때까지 계속 아이를 낳아야 했던 남아선호사상을 보여 주는 지표는 '셋째아 이상 출생 성비'다. 가문의 대를 잇는다는 아들을 선호해서 남아 비율이 절정에 이른 1990년 셋째 아이 성비는 117.18명이었다. 여아 100명을 기준으로 남아가 117.18명이었다. 그러다가 갈수록 여아를 선호해서 출생성비는 105.4명, 42년 만에 최저가 되었다.[35]

아들을 낳아야 수지맞았다며 기뻐했던 사회적 분위기가 30년 만에 누그러진 과정이 반가우면서도 얼떨떨하다. 물론 누군가의 아내, 며느리, 엄마인 적 없이 '딸'로서의 역할만 해 본 내가 접하는 세계는 남들보다 성 고정관념이나 성 차별이 적었던 환경일지 모르겠다. 그래도 변화는 분명히 있다고 믿고 싶다. 그 변화의 일부이고도 싶고.

#누구나 소수자가 된다

통계로 입증되는 변화의 징후들은 분명 고무적이다. 이처럼 차별은 시대에 따라 나아지기도 하고 외양을 달리하지만, 본질은 쉽게 변하지 않아 아직 해결되지 않은 수많은 과제가 남아 있다.

때로는 합리성을, 때로는 배려를 가장하는 차별의 이면에는 인간의 존엄성을 침해하는 폭력이 여전히 자리잡고 있다. 유엔 헌장에서는 모든 국가가 모든 인권과 기본적 자유를 존중, 보호, 증진할 책임이 있음을 강조하지만, 지금 이 순간에도 누군가는 성별과 신체 조건, 나이나 신념 등에 따라 잠재력을 억압당하고, 꿈을 좌절당하고 있다.

이러한 현실 속에서 우리는 모두가 잠재적 소수자라는 사실을 인식해야 한다. 성별, 나이, 장애, 인종, 계급 등 수많은 경계선 위에서 언제든 소수자의 위치로 밀려날 수 있기 때문이다.

시대에 따라 같은 이야기가 다르게 느껴지듯 오늘날 우리의 이야기도 100년 후의 세대에게는 비슷한 감각을 전해 주었으면 한다. 그러려면 끊임없이 성찰하고 평등한 사회를 만들어 가야 한다. 성별에 따른 차별과 폭력을 근절하기 위해 보다 구체적인 사회적 시스템도 마련해야 한다. 이러한 노력이 미래 세대에게 "그때보다 조금씩 나아지고 있구나."라는 희망적인 메시지를 전달해 주기를 바란다.

ACT NOW 도움말

- 가정에서 자녀와 평등한 의사 결정 과정을 연습하자. 집안일의 분담, 가족 여행의 계획 등 가정에서의 여러 일을 함께 논의하자. 모든 구성원의 목소리를 존중하면서 토론하는 연습도 하자. 성평등은 가정에서부터 시작된다.

- 미디어 매체(광고 회사, 영화 제작사 등)에 여성을 남성에 비해 열등하고 덜 똑똑하고 무능한 존재로 묘사하는 것이 미치는 해로운 영향에 대해 알리자. 성차별 발언과 행동, 성별 고정관념 등 차별적인 장면을 보면 잘못된 일임을 알리고 함께 토론하자.

- 롤모델(본보기상)이 필요한 여자아이를 후원하자. 멘토링과 코칭을 통해 여성들이 자신감을 키우고 경력을 개발할 수 있도록 지원하자.

균등한 기회를
보장하고 차별
종식하기
10-3

기후 관련 재해에
대한 회복력과
적응력 높이기
13-1

지속가능발전을 위한
정책의 일관성을
강화하기
17-14

미래 세대의 기후 정의 재판

#내일의 환경권

"어른들에게 물어보고 싶습니다. 저와 같은 나이였을 때, 음식을 남기거나 물건을 살 때, 비행기를 타고 여행 갈 때 불편한 마음을 느꼈었나요? 학교에서 기후위기 속에서 어떻게 살아가야 하는지 알려 줬나요? 저희는 이미 학교에서 지구 온난화가 심해지면 어떤 일이 생기는지 배우고 있습니다."[36]

— 한○○ 활동가(아기 기후 소송 청구인)

우리 기성세대는 종종 '오늘만' 사는 것처럼 행동한다. 내일의 문제는 내일로 미루고, 누군가 해결해 주리라는 막연한 생각에 기대곤 한다. 나도 마찬가지다. 할머니가 되었을 때, 현재보다 훨씬 나은 세상을 살아가면서 나빴던 과거를 회상하는 것을 막연히 꿈꿔 왔다. 하지만 미래 세대들의 호소를 들으며 나의 꿈이 얼마나 안일하고 순진했는지 깨닫는다. 더 나은 미래가 있으리라는 낙관적인 기대만이 깔린 내 꿈과 달리, 미래 세대가 외치는 오늘의 소리들은 너무나 절절하고 위급하다.

이런 기성세대의 안일함을 꾸짖듯, 어린이와 청소년들이 미래를 위해 목소리를 내고 있다. 그들이 이야기하려는 것은 '이번 생은 망했어' 식의 체념이나 비관적인 종말론이 아니다. 기후위기에 대한 현재의 대응이 실패했음을 객관적으로 인정하고 더 나은 미래를 만들어 보자는 용기 있는 외침이다. 청소년 환경 운동의 시초가 된 그레타 툰베리의 '미래를 위한 금요일' 결석 시위는 기성세대의 변화를 촉구하는 큰 파장을 만들었고, 이후에도 미래 세대는 기후 문제 해결에 앞장서고 있다.

2015년 네덜란드 우르헨다 소송을 시작으로 2021년 독일, 2023년 미국까지, 청소년들은 안정된 기후에서 살아갈 권리를 외치며 기후 소송을 이어 갔다. 각국 법원은 국가의 기후위기 대응 방법에 문제가 있음을 인정하고, 미래 세대에게 내일이 보장되어야 함을 선언했다. 우리나라에서도 '아기 기후 소송', '청소년 기후 소송' 등 국가의 지지부진한 온실가스 감축 목표를 지적하는 미래 세대의 헌법 소원이 제기되었다.

　그리고 이 책을 만들고 있던 2024년 여름 어느 날, 미래 세대가 승소했다는 시원한 소식이 전해졌다. 헌법 재판소는 '기후위기 대응을 위한 국가 온실가스 감축 목표'가 헌법에 합치되지 않는다고 판단하고, 2026년 2월 말까지 이를 개정해야 한다고 선고했다.

　이 판결의 핵심은 환경권의 해석에 있다. 환경권은 생명과 신체의 자유를 보호하는 토대이며, 궁극적으로 '삶의 질' 확보를 목표로 하는 아주 기본적인 권리다. 헌법 재판소는 정부의 부실한 기후위기 대응이 이러한 기본권을 침해했다고 판단했다. 특히 2050년 탄소 중립 목표는 지정했지만, 2031년부터 2049년까지의 구체적인 감축 목표가 없다는 점을 지적했다.

　더불어, 이 판결에는 미래 세대의 민주적 참여권이 함께 고려되었다. 헌법 재판소의 판결 보도자료에서는 열두 살 청구인의 진술을 인용해 이 부분을 꼬집는다. "어른들은 투표를 통해 국회의원이나 대통령을 뽑을 수 있지만, 어린이들은 그럴 기회가 없습니다. 이 소송에 참여한 것이 미래를 위해 제가 할 수 있는, 또 해야만 하는 유일한 행동이었습니다."[37]

#'학습된 무력감'을 벗어나려면

미래 세대들의 활동을 따라가고 지속가능발전이나 환경 분야 포럼에서 그들의 발제나 토론을 듣다 보면 반성의 시간을 갖게 된다. 미성년자라서 받게 되는 법적 제약, 사회적 무관심과 현실적인 어려움…… 등등. 나와 다르지 않게 책임을 갖고 실천하고 있지만, 다양한 장벽에 부딪히고 있는 그들의 날카로운 의견에 내 고개는 한없이 끄덕이다가 수그러진다.

모두가 입을 모아 인류와 지구의 미래는 미래 세대에 달려 있다고 쉽게 말하지만, 우리는 미래 세대가 변화에 중심이 될 수 있도록 그들에게 귀를 기울이고 있을까? 그 어느 세대보다 환경에 대한 높은 인식을 심어 주면서도 정작 의견을 반영하고 권한을 주려는 노력은 미진해 보인다. 오히려, 변화를 말하면서도 '달라지는 것이 없다.'는 무력감부터 알려 주고 있는 듯하다. 우리는 현재를 직시하지 못한 채 책임을 외면하면서 학습된 무력감*을 다시 대물림하고 있을지도 모르겠다.

물론 기후위기에 대한 노년층의 책임을 통감한 용기 있는 어른들이 모인 '60+기후 행동' 같은 단체도 있듯,[38] 모든 세대는 더 나은 내일을 만들고 싶다는 같은 마음을 지녔을 테

---

* 학습된 무력감(Learned Helplessness)은 특정 상황에 자신이 더 이상 영향을 줄 수 없다고 느낄 때 생기며, 결국 문제 해결을 위한 노력 자체를 포기하게 만든다.

다. 기성세대의 지나온 시간이 미래 세대에게는 여전한 현재이자 당면한 미래라는 것을 잊지 말고, 같은 내일을 꿈꾸고 함께 변화의 주체가 되려는 노력이 필요하다.

PART 3

나의 일상이
다른 사람의
고통 위에 있지 않기를

모두를 위한 경제

경제 성장만이 목적이 되어 버린 시대,
우리는 무엇을 위해 달리고 있을까?
이제는 지구의 한계를 인정하고
성장의 방향성을 점검해야 할 때다.
환경과 사회적 가치를 되새기며
경제 본연의 가치를 찾아보자.
지속가능한 미래는 소수의 번영이 아닌
모두가 함께 누리는 '좋은 삶'에서 비롯된다.

ACT NOW 목표

8 양질의 일자리와 경제 성장

모든 사람을 위한 지속적이고 포용적이며
지속가능한 경제 성장, 생산적인 완전고용과
양질의 일자리를 증진하기

9 산업, 혁신과 인프라 구축

회복력 있는 사회 기반 시설을 구축하고,
포용적이고 지속가능한 산업화를 증진하며 혁신을 도모하기

10 불평등 해소

국내 및 국가 간
불평등을 완화하기

12 책임감 있는 소비와 생산

지속가능한 소비와
생산 양식을 보장하기

9 산업, 혁신과 인프라 구축

포용적이고
지속가능한
산업화 촉진하기
9-2

10 불평등 해소

평등을 위한
재정·사회 정책
수립하기
10-4

내가 바란 건 탈성장

#'채워질 줄 모르는 발'에 관하여

우리가 흔히 사용하는 단어 만족(滿足)의 한자를 직역하면 '발을 채운다'가 된다. 국립국어원의 표준국어대사전에서는 '마음에 흡족함'이라고 정의하는 이 단어에 왜 마음이 아니라 발(足)이라는 한자어가 사용되었을까? 꼭 마음이 아니더라도 손이나 머리였으면 이해가 갈 듯한데 하필 발이 쓰이는 건 의아하다. 심지어 넉넉함을 뜻하는 '족하다'나 '흡족하다'에도 같은 한자가 쓰이고 있다. 어째서 발(足)이 '충분하다, 넉넉하다'는 뜻을 가질까?

유튜브 채널 '한자마당'에서는 옛날 사용했던 '발이 세 개 달린 솥'을 들어 그 이유를 설명한다. 세 개의 발이 있으면 솥의 균형을 잡기 충분했기 때문에, 여기서 '충분하다'라는 개념에 발이 사용되었다는 것이다.[1]

솥의 발이 균형을 잡아 주는 것처럼, 인간은 자연을 통해 삶을 이어 갈 수 있도록 형평을 이루었다.[2] 자연에서 충분함의 원리를 배웠던 인간은 점점 그 가르침을 잊어 갔고, 산업화와 경제 성장이 주는 풍요 속에서 점점 더 빠르게 잊었다. '충분함'은 이제 더 이상 만족을 주지 못한다. 충분을 넘어 더 넉넉한 걸 원하고, 심지어 너무 넉넉해 쓰레기가 생기게 되어도, 마치 채워질 줄 모르는 발처럼 늘 부족하다고 느끼며 살고 있다.

#유한한 지구에서 무한 성장 꿈꾸기?

우리는 만족을 잊으면서 유한한 지구에서 무한한 경제 성장을 바라 왔다. 경제가 성장하면 모든 문제를 해결할 수 있다는 착각 속에서 경제 성장률과 국내총생산(GDP) 수치에만 몰두했다. 기후 비상사태가 초래한 경제 양극화와 불평등이 인류의 생존을 위협하는데도, 경제가 양적으로 성장하면 문제가 저절로 해결될 것이라는 꿈에서 깨어나지 못하고 있다.

대안적 경제학자들은 지구의 현재 상황을 고려한 '탈성장'이라는 새로운 생각과 행동을 제안한다. 양적 성장에서 벗어나자는 뜻의 탈성장은 무작정 과거로 회귀하자는 것도, 성장이 제로가 되면 그것으로 모든 문제가 해결된다는 것도 아니다.[3] 탈성장은 지구 생태계의 한계를 인지하고, 그 지구 환경이 인간의 삶과 경제를 지탱하고 있다는 개념에서 비롯한다.

생태 경제학자 허먼 데일리는 효율성을 따지기 전에 충분성을 먼저 고려해야 한다고 주장한다.[4] 이는 자원을 최대한 효율적으로 사용하는 것보다는, 필요한 만큼만 사용하는 것이 더 중요하다는 말이다. 요리를 할 때 냉장고의 좋은 재료를 전부 사용하기보다는 꼭 필요한 재료만으로 적당한 양의 음식을 만들어 음식물 쓰레기를 남기지 않는 것이 더 만족스럽다는 이야기와 같다. 그러면서 허먼 데일리는 경제가 자연과 분리돼 있는 부분이 아니라 자연의 한 부분임을 강조한다. 이제는 단순히 효율성을 추구하는 경제 체제에서 벗어나 충분함을 느끼는 삶을 되찾아야 하지 않을까.

#지속가능발전과 탈성장

지속가능발전은 인간의 경제 활동이 자연을 해치지 않고, 오히려 자연과 함께 만족하며 살아갈 수 있는 방법을 찾는다. 한편, 탈성장 운동은 이윤, 즉 돈을 많이 버는 것보다 환경과 사회의 지속가능성에 더 집중한다. 단순히 생산량을 많이 늘리는 양적 성장이 아니라, 더 좋은 품질의 제품을 만들고, 사람들의 삶의 질을 높이는 질적 성장에 주목한다. 예를 들어, 우리가 어떤 제품을 만들 때 그 제품이 환경에 미치는 영향을 생각하고, 사람들의 삶을 어떻게 더 좋게 만들 수 있을지를 고민하는 것이다. 탈성장은 성장의 방식이 아니라 좋은 삶의 방식을 찾고자 하며, 경제 성장이 아닌 행복을 삶의 척도로 삼자는 제안이다.

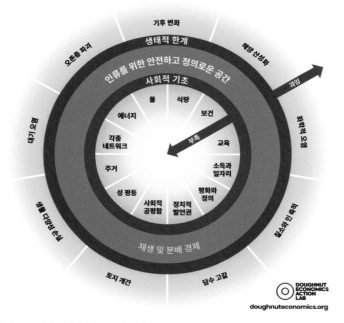

The Doughnut of social and planetary boundaries
크레디트: Kate Raworth and Christian Guthier. CC-BY-SA 4.0
인용 출처: Raworth, K. 『Doughnut Economics: seven ways to think like a 21st century economist』
(London: Penguin Random House, 2017)

이러한 관점을 보여 주는 '도넛 경제학'은 지속가능발전목표의 틀이 된 이론이다. 도넛 경제학에서 안전하고 정의로운 세계는 구멍이 뚫린 도넛의 모양으로 표현된다.

도넛의 안쪽 고리는 모두가 누려야 할 '사회적 기초'를 나타낸다. 이 아래로 떨어지면 기아, 문맹 등 인간의 기본적 권리가 침해된다. 바깥쪽 고리는 '생태적 한계'를 의미하며, 이 한계선을 넘으면 기후위기, 환경 오염, 생물 다양성 손실 등 지구 시스템에 위기가 닥친다. 이 모델의 핵심은 모든 사람이 도넛의 안전한 공간 안에서 좋은 삶을 영위할 수 있도록 하는 것이다. 그러려면 현세대와 미래 세대의 적절한 균형과 양보가 필요하다.[5]

그렇다면 우리는 어떤 선택을 통해 이러한 세계를 실현할 수 있을까? "지구를 식히고 세계를 치유할 단 하나의 시스템 디자인"이라는 부제목을 가진 책 『디그로쓰』에서는 이미 탈성장이라는 미래에 먼저 도착한 사람들이 '단순하게, 공유하며 사는 삶'을 살고 있다고 설명한다. 경제 성장 없는 그린뉴딜,* 보편적 기본 정책(기본소득, 보편 돌봄 등), 노동 시간 단축, 공공 금융처럼 사회를 개혁하는 방식을 구체적으로 제안하고 있다.[6]

탈성장에 관한 나의 관심과 공부는 현재 진행형이다. 다양한 정책이 어떻게 실행되고 있는지도 살펴보고, 내 삶에

---

* 환경을 보호하면서 경제를 성장시키기 위한 정책으로, 기후변화에 대응하면서 일자리를 창출하고, 재생 에너지 사용을 늘리는 다양한 사업을 포함한다.

서 적극적으로 실천하는 방법에 대해서 여전히 고민하고 있다. 커먼즈*부터 공공 금융, 보편적 돌봄 정책 등 연구하고, 공부하고, 활동으로 참여하고 싶은 분야가 너무 많다.

ACT NOW 도움말

- 탈성장에 관한 책을 읽어 보자.

『격차』, 제이슨 히켈, 아를, 2024

『경제성장이 안되면 우리는 풍요롭지 못할 것인가』, C. 더글러스 러미스, 녹색평론사, 2011

『굿 라이프』, 바르바라 무라카, 문예출판사, 2016

『기후를 위한 경제학』, 김병권, 착한책가게, 2023

『다른 세상을 위한 7가지 대안』, 파블로 솔론 외 3명, 착한책가게, 2018

『대안으로서의 지역순환경제』, 양준호 외 6명, 로컬퍼스트, 2023

『더 좋은 선택: 결핍과 불균형, 바꿀 수 있다』, 마야 괴펠, 나무생각, 2023

『도넛 경제학』, 케이트 레이워스, 학고재, 2018

『디그로쓰』, 요르고스 칼리스 외 3명, 산현재, 2021

『모두를 위한 경제』, 마저리 켈리·테드 하워드, 학고재, 2021

『모든 삶은 충분해야 한다』, 아브람 알퍼트, 안타레스, 2024

『미래는 탈성장』, 마티아스 슈멜처 외 2명, 나름북스, 2023

『미래를 위한 새로운 생각』, 마야 괴펠, 나무생각, 2021

『서구의 종말, 세계의 탄생』, 에르베 켐프, 생각의길, 2013

『성장으로부터의 해방』, 니코 페히, 나무도시, 2015

『성장을 넘어서』, 허먼 데일리, 열린책들, 2016

---

* 사람들이 공동으로 사용할 수 있는 자원이나 공간. 공동체와 공동 자원 그리고 그 자원을 사용하는 사람들의 약속으로 구성된다.

『성장의 한계』, 도넬라 H. 메도즈 외 2명, 갈라파고스, 2021

『작은 것이 아름답다』, E. F. 슈마허, 문예출판사, 2002

『적을수록 풍요롭다』, 제이슨 히켈, 창비, 2021

『지구를 구하려면 자본주의에서 벗어나라!』, 에르베 켐프, 서해문집, 2012

『탈성장』, 리카르로 페트렐라 외 2명, 대장간, 2021

『탈성장 개념어 사전』, 자코모 달리사 외 2명, 그물코, 2018

『탈성장 도시와 에너지 전환』, 이상헌 외 5명, 여는길, 2024

『탈성장들: 하며 살고 있습니다』, 강효선 외 23명, 모시는 사람들, 2024

『탈성장사회』, 세르주 라투슈, 오래된생각, 2014

『탈성장을 상상하라』, 공규동 외 11명, 모시는사람들, 2023

『풍요한 사회』, 존 갤브레이스, 한국경제신문, 2006

일자리 창출과
기업 성장을 돕는
정책 추진하기
8-3

국가와 지역 차원의
개발 계획 강화하기
11-A

최빈국의 지속가능
하고 튼튼한
건물 건설을 돕기
11-C

사회와 경제가 연대하면

#사회연대경제

사회연대경제(Social and Solidarity Economy)는 경제적 가치와 사회적 가치 모두를 조화롭게 추구하며, 공동체의 이익을 중시하고 사회적 약자와 소외 계층을 지원하는 경제 모델이다. 이 모델은 사회와 경제가 연대함으로써 경제가 사회 전체의 행복 증진이라는 본연의 역할에 충실해지게 만든다.

얼핏 낯설게 느껴지지만, 사회경제연대는 이미 우리 일상 속에 다양한 형태로 자리 잡고 있다. 특정 지역 내에서만 사용할 수 있는 화폐를 발행해 지역 상권을 활성화하는 방법인 '지역화폐', '공구 공유', '공유 냉장고'와 같이 개인이 소유한 자원을 공유해 효율적인 자원 활용을 지원하는 플랫폼 등이 그 예다. 장애인 고용을 통해 그들의 경제적 자립을 지원하는 등 사회 문제 해결을 목표로 하는 '사회적 기업'도 사회연대경제의 한 사례다. 이들 기업은 이윤 추구뿐만 아니라 사회적 가치를 함께 고려한다.

이처럼 사회경제연대는 보다 인간적이고 민주적인 경제 체제로, 협동조합, 사회적 기업, 마을 기업, 자활 기업* 등 다양한 방식으로 실현될 수 있다. 2023년 유엔은 지속가능 발전을 달성하기 위해 사회 구성원 모두가 협업하고 연대하는 이 경제 모델을 활성화해야 함을 결의했다.

#프레스턴 모델**

사회연대경제의 실제적인 적용 사례로는 프레스턴 모델이 있다. 영국의 인구 15만 명 규모 도시인 프레스턴은 한때 산업 혁명의 중심지로 번영했으나, 제조업 쇠퇴와 일자리 감소로 1960년부터 낙후되기 시작했다. 2010년 이후에는 정부의 긴축 재정과 금융 위기 이후의 경제 침체 문제가 심화

---

* 경제적 어려움이 있는 사람들이 자립할 수 있도록 도와주는 기업. 주로 저소득층이나 실업자들이 모여서 함께 일을 하며, 수익을 통해 생활을 개선하고 자립할 수 있는 기회를 제공한다.

** 해당 소제목의 내용은 CLES의 2019년 보고서인 「프레스턴은 어떻게 공동체 자산을 구축했나(How we built community wealth in Preston)」를 참고해 구성했다.

되었고, 대기업의 투자를 기대했던 프로젝트가 무산되며 회생에 실패했다. 지역 경제가 반짝 활기를 찾을 때도 지역에서 생산된 이익은 도시 구성원이 아니라 대기업 주주들에게 돌아갔다.

악순환을 타개하고자 프레스턴 시의회는 '공동체 자산 구축(Community Wealth Building)'이라는 새로운 지역 발전 방식을 도입했다. 이는 기존의 자본을 활용해 지역의 부를 외부로 유출하지 않고 지역 안에서 순환하는 접근 방식이다. 프레스턴 시의회는 먼저 지역의 대학과 공공기관 등을 설득해 '앵커 기관'* 협의체를 만들고, 이들의 경제적·사회적 혜택을 지역의 근로자, 고용주, 기업에 제공하는 방법을 찾았다.

시의회는 프레스턴에 기반한 농업·인쇄·건설 업체를 더 많이 이용해 달라고 이 기관들을 설득했다.[7] 더불어 조달 계약에 지역 중소 기업이 참여하기 쉽게 서류와 절차를 손보고, 계약의 규모를 작게 쪼갰다.[8] 예를 들어, 대학교 건물 건설 계약을 할 때는 큰 기업과 일괄적으로 계약하는 것이 아니라, 창문과 문 공사를 따로 계약하여 지역 업체들의 참여를 용이하게 만든 것이다. 이전에는 지역 내에서 유지되는 지출 중 고작 5%만 프레스턴에 머물렀지만, 이 전략을 시행하면서 18.2%가 지역에 남게 됐다.

---

* 지역 사회에 닻(Anchor)처럼 뿌리를 내리고 있으면서, 대규모 고용주거나 주요 물품·서비스 구매자로 지역에 큰 영향력을 행사하는 조직

프레스턴의 지역 순환 경제 모델은 다섯 가지 전략을 중심으로 발전해 왔다.

◆ 경제의 공동 소유
◆ 지역 내에 존재하는 재정력 활용
◆ 공정한 고용과 정의로운 노동 시장
◆ 진보적인 상품 및 서비스 조달
◆ 토지와 자산의 사회적·생산적 이용

위 원칙을 기반으로 지역에서 창출된 가치와 수익이 지역 안에서 머물게 되니, 단순히 경제만 부흥하는 게 아니라 시민들의 삶이 개선되기 시작했다. 공정한 노동 환경을 만드는 사회적 가치를 담았기 때문이다. 시는 앵커 기관과 지역 공급업체들에 생활 임금을 지급하도록 독려했고, 그 결과 영국 내에서 주거와 노동 여건이 가장 많이 개선된 도시로 선정되기도 했다.

이와 더불어, 프레스턴의 성공은 지역 사회 전체의 문화를 바꾸는 계기가 되었다. 자금이 지역 안에서 순환하여 실업률이 감소하고 빈곤 지역에서 벗어나는 등의 가시적인 변화들이, 주민들에게 자력으로 지역 문제를 해결하고 더 나은 삶을 만들어 나갈 수 있다는 자신감을 심어 주었기 때문이다. 그렇다면 진정한 지역 발전이란 단순히 돈을 많이 버는 것이 아니라, 지역의 고유한 자원과 역량을 활용해 사람 중심의 경제를 만들고, 지역 공동체를 더욱 끈끈하게 만드는 것이 아닐까? 지방 소멸 위기와 편향된 개발, 그리고 공동체의 부재 속에서 프레스턴 모델은 우리가 추구해야 할 지역 발전의 새로운 모델이 될 수 있을 것이다.

법치주의를 증진
하고 평등한 사법
접근권 보장하기
16-3

모든 산업과
인프라를 지속가능
하게 개선하기
9-4

죽은 지구에는 일자리가 없다

#정의로운 전환

탄소를 뿜어내는 화석 연료 기반의 경제 성장 패러다임을 그대로 유지하기 힘들 정도로 기후위기가 심각해졌다. 세계는 녹색(친환경) 경제로 발 빠르게 산업 체계를 교체하고 있으며, 지속가능한 지구로의 구조적 변화 또한 가속이 붙고 있다. '죽은 지구에는 일자리가 없기(No Jobs on a Dead Planet)' 때문이다.

이러한 급격하고 거대한 변화 속에서는 피해를 입는 지역이나 산업이 생길 수밖에 없다. 이에 최근 '정의로운 전환(Just Transition)' 개념에 관한 관심이 급격히 높아졌다. 정의로운 전환은 탄소 중립 사회로 이행하는 과정에서 직·간접적 피해를 볼 수 있는 계층을 보호하여, 발생하는 부담을 사회적으로 분담하고 취약 계층의 피해를 최소화하는 정책 방향이다.[9]

국제노동기구(ILO)는 정의로운 전환을 "모든 관계자에게 가능한 한 공정하고 포용적인 방식으로 경제를 녹색화하여 양질의 일자리 기회를 창출하고 누구도 뒤처지지 않게 하는 것"으로 정의한다.[10] 정의로운 전환에 대한 인식은 국가와 지역에 따라 다르지만, 가장 중요한 것은 영향을 받는 노동자, 지역 사회, 기업이 '공통의 비전'을 만들어 가는 과정이다. 각자의 상황과 관점이 다르더라도 지속적인 대화를 통해 모두가 동의할 수 있는 정의로운 전환의 의미를 확립하고 실천해 나가야 한다.

#탄소 중립 사회, 남은 사람들은 어디로 갈까?

그때는 맞고, 지금은 틀렸다. 화석 연료에 대한 우리의 태도가 딱 그렇다. 산업화 시대에는 경제를 지탱하는 산업의 역군이었던 화석 연료 기반의 화력 발전이 이제는 탄소 중립을 방해하는 천덕꾸러기 대접을 받는다. 그곳에서 일하던 사람들은 이제 어디로 가야 할까? 정부는 석탄 발전소의 노동자들에게는 앞으로 들어설 가스 발전소에서 일할 수 있도록 고용 보장을 약속했지만, 협력 업체 직원들과 비정규 노동자들을 위한 대책은 어디에도 보이지 않는다.[11]

타격을 받은 또 다른 산업은 주유 산업이다. 탄소 중립 교통 전략에 빠지지 않는 전기차 보급 확대로 인해 주유소 사업 소득이 꾸준히 줄고 있다. 2030년까지 주유소 한 곳당 평균 영업 손실액은 3억 6800만 원에 이를 것으로 추정된다. 주유소 시설을 폐쇄하려면 시설물 철거와 오염된 토양을 복원하는 데 최대 2억 원의 환경 정화 비용이 들며, 다른 에너지 사업으로 전환하는 데도 공간과 자금이 들기 때문에 전업과 폐업을 적극적으로 고려하기도 어렵다. 지하 탱크 저장소에 남아 있는 기름이 유출되면 폭발할 위험이 있는데도 방치된 주유소가 매년 500개씩 생겨나는 이유다.[12]

#정의로운 전환을 정책으로: 참여와 분배

산업의 전환 과정에서 피해를 받는 사람들이 생긴다면, 그것은 정의롭지 않다. 하여 유럽에서는 '정의로운 전환' 지원에 관해 긴 시간 논의를 지속했다. 그리고 2020년 유럽연합은 '그린 딜 투자계획'을 수립해 탄소 중립 목표 달성을 위한 막대한 기금을 조성하고, '정의로운 전환 구조'로 화석 연료 산업 중심 지역을 지원하겠다고 밝혔다. '탄소 중립 달성'이라는 공통의 목표를 추구하는 데에 소외되거나 배제되

는 곳을 만들지 않으려는 의지로 도출된 결론이다.[13]

우리나라도 '2050 탄소 중립 추진 전략'에서 정의로운 전환 원칙 및 정책을 담았다. 2021년 제정된 「기후위기대응을 위한 탄소중립·녹색성장기본법」에도 '정의로운 전환' 규정이 포함됐다. 기후위기 사회 안전망 마련, 정의로운 전환 특별 지구 지정, 중소기업의 사업 전환 지원, 온실가스를 많이 배출할 수밖에 없는 기업에 손실 위험을 최소화하는 대책 제공, 정의로운 전환 지원 센터 설립 등이 주요 내용이다.

하지만 전환의 과정에 노동자, 노동조합, 지역 사회 및 관련 주체들의 의견이 제대로 반영되고 있는지는 모르겠다. 그들이 실질적인 정책 파트너로서 협력하고 있지는 않으며, 참여를 위한 이해관계자 역량 강화 사업 또한 눈에 띄지 않기 때문이다. 소외되거나 배제되지 않아야 할 당사자들의 목소리는 여전히 희미하기만 하다.

#더 넓은 의미의 '정의로운 전환'

현재의 정의 '없는' 전환을 개선하기 위해서는 정책 수립 과정부터 이해관계자들의 적극적인 참여를 보장하고 의견을 반영할 수 있는 체계적인 메커니즘을 구축해야 한다. 『기후를 위한 경제학』에서 김병권 기후경제 정책 연구자는, 기후 정의와 사회 정의를 연계한 '탈탄소 전환 전략', 전환 이후 '성장 없는 사회'에서의 정의로운 분배 계획까지를 포괄하는 '광의의 전환 전략'을 짜야 한다고 지적한다.

김병권 연구자가 제시한 넓은 의미의 정의로운 전환 전략은 다음과 같다. 우선, 현재까지 온실가스 배출과 그로 인한 기후 재난에 대한 책임에 비례해서 탈탄소 전환 비용을 부담하는 원칙을 세우는 것으로 시작할 수 있다. 또한 그는 전환의 모든 중요한 의사 결정 과정에 노동자와 시민들의 적극 참여를 보장해야 함을 강조한다. 만약 탄소 배출을 줄이기 위해 물리적으로 경제 파이를 키우지 않을 것이라면 적극적인 분배 정책을 강화해야 하며, 전환으로 새로 만들어진 녹색 경제 영역에는 공공 투자를 중심으로 기업뿐 아니라 지역 공동체의 참여가 필수적이라고 설명한다.[14]

이처럼 정의로운 전환의 의미는 노동자의 일자리 전환에만 국한될 것이 아니라 피해 부문 기업의 사업 전환, 노동자의 고용 안정, 지역의 경제 활성화, 기후위기의 극복이 연계되어야 한다. 더 나아가 그 전환 과정이 공정해야 하고, 민주적으로 참여할 수 있어야 하며, 다양한 의견이 반영되고, 누구에게나 평등한 사회적 포용성을 담고 있어야 할 것이다.

노동권을 보호하고
안전한 일터 만들기
8-8

평등을 위한
재정·사회 정책
수립하기
10-4

나의 일상이 다른 사람의
고통 위에 있지 않기를

#안전한 일터에서 일할 권리

우리 가족은 중소 제조 기업을 운영하고 있다. 아직 가족
이 퇴근하지 않아 혼자 있는 밤이면 멀리서 울리는 구급차
소리에 심장이 쿵 떨어진다. 오늘 일터에서 무슨 사고가 난
것은 아니겠지? 현장에서 안전 교육도 철저히 받고, 안전 용
품도 잘 착용하겠지만 그래도 걱정은 쉬이 가시지 않는다.
별일 없을 거라고 다독이던 차에 도어록이 익숙한 리듬으
로 눌리고, 가족이 모두 귀가한 후에야 무사한 하루에 안도
한다.

노동 현장에서 산업 재해 사고가 발생했다는 뉴스를 너무 많이 봐서 그런가? 우리나라 사고사망만인율*이 0.39‰(퍼밀리아드)로 역대 최저를 기록했다지만, 현장에서 일하는 가족을 둔 내게는 한 분 한 분의 죽음이 너무 크고 무겁다.

산업 재해 위험은 파견이나 사내 하청과 같이 간접 고용 비율이 높은 사업체일수록 높게 나타난다. 이러한 복잡한 고용 구조 속에서 일하는 노동자 중에서도 이주노동자들은 안전의 최전선에 놓여 있다. 엄마가 전기 공사 출장을 나갈 때면 한국어를 유창하게 하는 외국인이라고 생각할 정도로, 우리나라의 수많은 산업이 이주노동자의 노동력에 기대어 굴러가고 있다. 안전 보건 교육을 위한 외국어 교재가 마련되었다고는 하지만, 한국어가 능숙하지 않은 이주노동자와 의사소통은 원활하지 않다. 그런 탓에 공장의 구조와 같이 기본적인 정보조차 제대로 전달되지 않아 안전 체계가 제대로 작동하지 않았고,[15] 최근 리튬전지 공장의 화재로 많은 이주노동자가 목숨을 잃는 참사가 일어났다.

이러한 사고가 빈번한데도 고용허가제(E-9)**를 통해 고용할 수 있는 이주노동자의 한도는 매년 그 규모가 불어나

---

* 임금근로자 1만 명당 산업 재해 사고사망자 수. 사고 발생일이 아닌, 근로복지공단에서 유족에게 급여가 지급된 날짜를 기준으로 집계한다. 0.39‰를 기록한 2023년의 유족 급여 승인기준 사고사망자 수는 812명이다.

** 국내 인력을 구하지 못한 중소기업이 합법적으로 외국인 근로자를 고용할 수 있도록 하는 제도. E-9은 이 제도로 입국한 비전문취업 외국인 근로자에게 발급되는 비자 유형이다. 취업 가능한 사업의 종류가 한정되어 있으며, 정부가 매년 도입 규모와 대상 국가를 정한다.

고 있다.[16] 이들은 주로 내국인이 기피하는 업종에 투입되어 열악한 근로 환경에 노출되곤 한다. 고령화와 일손 부족 문제를 해결하기 위해 제도를 확대해 나가기 전에, 우리가 그들의 안전을 지켜 줄 수 있는지 먼저 돌아봐야 하지 않을까?

현재 우리나라는 산업 재해가 일어난 후에 관련 책임자를 처벌하는 정책에 초점을 맞추고 있다. 반면 사고가 훨씬 적게 일어나는 국가들은 예방에 중점을 둔 산업 안전 정책을 펼친다. 안전 선진국으로 꼽히는 영국에서는 현장 중심의 실질적인 안전 관리에 주력한다. 안전보건청(HSE)을 만들어 각종 안전법을 통합 관리하며, 전문성을 갖춘 산업안전감독관을 양성하고 있다. 또한 산업 재해가 발생하면 사고 과정과 처벌까지 전부 공개해 같은 사고가 반복되지 않도록 정보를 제공하고 있다.

이제는 사후 처벌보다는 예방에 더 큰 비중을 두는 정책으로의 전환이 필요하다. 정부에서 전문화된 산업 재해 예방 조직을 구축해 사고 원인부터 명확히 규명하고, 실효성 있는 대책을 수립해야 한다. 더불어 사업장을 실질적으로 지도·지원하는 지침과 매뉴얼 개발에도 힘써야 한다.[17] 우리 가족을 포함한 모든 노동자에게는 안전한 일터에서 일할 권리가 있다.

#재활용 식민지

"이건 식민지와 다름없어요. 선진국들은 재활용이 더러울 수밖에 없다는 것을 잘 알고 있거든요. 선진국들은 그들의 강이 오염되는 것을 싫어해요. 그래서 돈을 위해서라면 기꺼이 오염을 감수하는 나라를 찾아냅니다."[18]

— 프리기 아리산디

인도네시아 환경 단체 대표 프리기 아리산디는 KBS「다큐 인사이트-지속가능한 지구는 없다」인터뷰를 통해 '재활용'의 탈을 쓴 국제적 환경 불평등을 지적한다. 바젤협약* 개정으로 '쓰레기 수출'은 이제 금지되었다고 생각했지만, 다큐멘터리에는 환경 선진국의 꼼수가 드러나 있었다. 수출이 금지된 폐플라스틱 대신 협약의 허점을 이용해 플라스틱이 잔뜩 섞인 폐지를 수출하는 방식으로 쓰레기를 떠넘기고 있던 것이다.

이렇게 수출된 폐플라스틱은 인도네시아에서 값싼 연료로 변모한다. 나무보다 훨씬 저렴해서 유해 연기가 발생한다는 문제가 있는데도 식품 공장, 시멘트 공장은 물론 가정에서도 사용된다. 생계 앞에서 환경 문제를 고민하는 건 사치가 된다. 플라스틱을 태우며 발생하는 검은 연기가 온 동네

---

* 유해 폐기물의 국제적인 이동과 처리를 규제하기 위한 국제 조약. 1989년에 체결된 이 협약은 유해 폐기물이 환경에 미치는 영향을 최소화하고, 선진국이 개발도상국으로 유해 폐기물을 불법적으로 수출하는 것을 방지한다.

를 뒤덮고, 플라스틱 찌꺼기가 강과 숲을 오염시키는 와중에도 폐플라스틱은 높이 쌓이며 산을 만들어 간다.[19]

개발도상국에 쌓여 가는 폐플라스틱 산더미는 더러운 것을 가난한 나라로 떠넘기는 선진국의 치부를 그대로 보여준다. 우리나라를 포함한 네덜란드, 독일 등 일명 환경 선진국들의 높은 재활용률은 '재활용 식민지'를 희생해서 이룬 것이다. 더 큰 문제는 이들 국가가 플라스틱 생산량을 줄이려는 노력은 하지 않는다는 점이다. 우리나라의 경우, 플라스틱 실질적 재활용률이 27%[20]에 불과한데도 '잘' 재활용된다고 기만한다.

2018년 중국의 폐자원 수입 중단으로 시작된 '쓰레기 대란'이 떠오른다. 당시 집 앞에 수거하지 않은 쓰레기가 쌓여 있다는 것이 얼마나 스트레스였는지 반추해 보자. 그때보다 더 많은 쓰레기를 만드는 지금, 우리는 과연 어떻게 쓰레기를 처리하고 있을까? 눈앞에서 사라졌다고 문제가 해결된 것은 아니다. 내가 만든 쓰레기는 결국 누군가 처리해야 할 쓰레기 산을 만든다.

- 청소년들이 건강한 근무 환경이 어떤 것인지 알 수 있도록 '자녀를 직장에 데려오는 날'을 장려해 보자.
- 현대판 노예제, 강제 노동, 인신매매, 강제 결혼을 근절하기 위한 국제 캠페인을 지원해 안전한 작업 환경의 필요성을 알리자.

: 유엔이 정한 '세계 노예제 철폐의 날(12/2)', 국제노동기구(ILO)에서 정한 '세계 아동노동 반대의 날(6/12)', 인신매매를 근절하고 피해자에 대한 연대를 표시하고자 유엔에서 제정한 '세계 인신매매 반대의 날(7/30)'

- 인신매매 피해자를 발견한다면 112로 신고하자. 피해 상담은 1600-8248(중앙인신매매등피해자권익보호기관)에서 할 수 있다.

- 인권과 관련한 박물관에 방문해 보자.

: 근현대사기념관, 김근태기념도서관, 문익환 통일의집, 박종철센터, 식민지역사박물관, 아름다운청년 전태일기념관, 이한열기념관, 전쟁과여성인권박물관 등

12 책임감 있는
소비와 생산

천연자원을 지속
가능하게 관리하고
효율적으로 쓰기
12-2

7 합리적인
청정 에너지

에너지 효율을
두 배로 높이기
7-3

7 합리적인
청정 에너지

청정 에너지 연구와
기술 투자 늘리기
7-A

8 양질의 일자리와
경제 성장

노동권을 보호하고
안전한 일터 만들기
8-8

난방비 폭탄을 손쉽게 해결하는 법

#가족회의가 열렸다

2022년 겨울, 우편함에 꽂힌 관리비 명세서를 보고 깜짝 놀랐다. 지난달보다 10만 원이나 더 나온 난방비 때문이다. '우리 집 관리비가 맞나?' 주소를 다시 살펴봐도 우리 집이 분명한데 갑자기 달라진 관리비가 낯설다. 엘리베이터 안내 게시판에 난방 기본요금이 인상된다는 공지 사항을 본 기억이 있긴 하지만 단번에 이렇게 많이 오를 줄이야! '난방비 폭탄'이라는 기사 제목이 뼈에 스미는 순간이었다.

아직 12월인데 벌써부터 이러면 남은 겨울은 어떻게 버텨야 하나? 여전히 믿기지 않아 검색해 보니, 도시가스 요금은

1년 전보다 38.5% 올랐고, 대규모 아파트 단지에서 쓰는 난방·온수 요금도 37.8% 오른 상태란다.[21] 식탁 위에 놓인 관리비 명세서는 그날 저녁 가족회의의 긴급 안건이 되었다. 난방과 온수 요금이 모두 올랐으니 '더 이상 원래 하던 것처럼 생활할 수는 없다!'라는 위기감이 온 가족을 휘감았다.

"아빠, 샤워 시간이 너무 길어요. 온수도 화장실에 김이 빼곡 찰 때까지 트시고."

"외출할 때는 보일러를 15℃ 이하로 낮게 돌려놓자. 지난번에 퇴근하고 와 보니까 아무도 없는데 집 안이 후끈하더라."

"나는 서늘한 게 좋으니까 내 방 밸브는 더 잠가도 돼."

"아무도 안 쓰는 서재 방은 밸브를 아예 잠가 버릴까?"

"한겨울에 반소매, 반바지는 좀 아니지 않아? 긴소매 입고 양말 신자."

난방비를 아끼기 위한 아이디어가 금세 쏟아진다. 다른 집들보다 에너지를 절반가량 적게 쓰는 우리 집이 이 정도니 다른 집은 더 놀랐겠다는 이야기로 가족회의가 마무리될 즈음, 입주자 대표의 안내 편지가 도착하며 또 다른 안건이 생겼다.

#난방비 인상엔 경비 인력 감축?!

난방비가 오르면서 집마다 비상인 모양인지, 도착한 편

지에는 경비 인력을 줄이는 방안에 대한 찬반 의견을 묻는 '주민 투표'에 대한 안내가 적혀 있었다. 관리비의 공동 요금에서 제법 큰 비중을 차지하는 '경비원 인건비'를 줄여 입주민들의 경제적 부담을 낮춰 보자는 의도다. 구체적으로는 기존에 동마다 두 명씩 배치되었던 경비 인원을 반으로 줄이고, 분리배출과 수목 관리 분야는 별도 인력을 고용하는 방식으로 변경하자는 것이었다.

다들 폭등한 관리비가 부담스럽겠지만 그렇다고 사람부터 손쉽게 자르는 게 옳은 방법일까? 자연스럽게 이 안건으로 넘어가 의견을 나누었고 곧바로 결과가 나왔다. 난방 요금 절감을 위한 노력은 필요하지만, 경비원 일자리는 보존하는 게 맞다는 쪽으로 가족 모두의 의견이 모였다. 현실적으로도 경비원이 전문적으로 처리해 왔던 일들을 주민들이 대신하기도 힘든 데다가, 나의 작은 불편 때문에 다른 '사람'의 생계를 위협하는 일은 없어야 하기 때문이다.

사람이 제일 먼저 비용 절감의 도구가 되는 일을 막기 위해 엄마가 우리 가족을 대표해 주민 투표에서 '반대'를 찍었다. 한 열흘쯤 지났을까, 새로운 공지 사항이 안내 게시판에 붙었다. "주민 투표 결과 60% 이상, 과반수의 이웃이 경비 인력 감축에 반대했습니다."

휴, 이 안건이 통과되었다면 즉각적으로는 관리비를 아낄 수 있었겠지만, 경비원의 전문적인 관리 덕분에 체감하지 못했던 수많은 부분에서 문제가 터져 나왔을 것이다. 무엇보다 비용 절감이라는 명목으로 사람들의 일자리를 빼앗는 일은 결국 우리 공동체 구성원 모두에게 부담을 지우는 결과를 초래할 수 있다.

그나저나 경비원의 업무 범위가 그렇게나 넓은지 이번에야 알게 되었다. 법으로 정한 주요 업무인 '경비(도난, 화재, 위험 발생 방지, 순찰, 방범, CCTV 감시, 외부인 출입 관리)'는 기본이고 청소, 미화, 분리배출 감시 및 정리, 우편 수취함 투입, 주차 관리와 택배 물품 보관……[22] 많은 이가 함께 사는 공간에서 매일 깨끗한 계단을 오르내리고, 겨울엔 잘 치워진 눈길을 걷는 일상은 그냥 만들어지는 것이 아니라는 걸 새삼 깨닫는다.

#지속가능한 냉·난방비 폭탄 해결법

그렇다면 가계를 위협하는 난방비 폭탄을 어떤 방식으로 해결해야 할까? 개인적으로 할 수 있는 일부터 이웃들과 함께할 수 있는 일까지 생각해 보았다. 단순히 비용을 줄이는 게 아니라 지속가능하고 환경 친화적인 생활 방식까지 덤으로 얻을 수 있다.

◆ 에너지 효율이 높은 가전제품을 사용하자. 에너지 효율 1등급 제품은 일반 제품보다 훨씬 적은 전력을 사용한

다. 하지만 에너지 효율이 높아 전력을 덜 쓸 수 있는 새로운 제품들은 용량이 커서 절약 효과가 사라지기도 하니, 신중한 소비가 필요하다.

◆ 창문과 문틈의 단열을 강화하자. 지은 지 30년이 되어가는 우리 집은 얼마 전 창문을 로이 유리*로 교체했다. 여름에는 창문으로 들어오는 열에너지를 차단해 주어 덜 덥고, 겨울에는 빠져나가는 에너지를 지켜 주어 덜 춥다.

◆ 난방 보일러와 냉방기를 정기적으로 보수하면서 깨끗하게 청소하자. 필터를 청소하고, 공기 순환을 원활히 하면 장비의 성능이 향상된다. 우리 집도 리모델링하면서 난방 조절 시설을 함께 수리했다.

◆ 햇빛을 잘 활용하는 방법도 있다. 겨울철에는 햇빛이 잘 드는 시간에 커튼을 열어 자연광을 이용하고, 여름철에는 커튼을 닫아 실내 온도를 낮추는 것이다. 단순함에 비해 그 효과는 제법 크다.

◆ 장기적인 관점에서 같은 건물에 사는 이웃들과 전체

---

* 로이 유리(LoE glass)는 Low Emissivity glass의 약자로, 저방사율 유리를 뜻한다. 이 유리는 열 에너지를 차단하고, 외부의 열이 실내로 들어오는 것을 최소화한다. 일반적으로 이중창이나 삼중창의 형태로 사용되며, 주로 건축물의 창문에 쓰인다.

에너지 효율을 높이는 방안을 고려해 보자. 예를 들어, 옥상에 태양광 패널을 설치하거나 건물 전체의 단열을 개선하는 등의 프로젝트를 추진할 수 있다. 초기 투자 비용이 들고 의견을 모으기 힘들겠지만, 장기적으로 에너지 비용을 크게 절감할 수 있는 방법이다.

여성과 여아에 대한
차별을 철폐하기
5-1

무상 돌봄 노동의
가치를 인정하고
가사를 공평하게
분담하기
5-4

삼십 대 후반 여성이지만
결혼 안(못) 했습니다

#다들 결혼도 출산도 안한대

출생률이 역대 최저치를 갈아 치웠다는 뉴스가 연일 보
도되고, 대책을 마련해야 한다는 목소리가 높아지는 요즘
이다. 지금의 합계 출산율 0.72명은 단순히 100명당 72명
의 아이가 태어난다는 뜻이 아니다. 실제로는 여성 100명과
남성 100명, 총 200명으로 이루어진 현 세대가 다음 세대
에 72명의 아이를 낳는다는 의미다. 다시 말해, 한 세대에서
다음 세대로 넘어갈 때 인구가 200명에서 72명으로 급감하
는 셈이다. 이대로라면 한 세대만 더 지나도 25.92명으로 줄

게 된다. 단 두 세대 만에 인구가 8분의 1 수준으로 떨어지는 것이다. 이런 인구의 급격한 감소 폭에 정부는 저출생 대응 부서를 신설했을 정도다.

갈수록 낮아지는 출생률에는 누구나 추측할 수 있는 이유가 있다. 2023년 한반도미래인구연구원의 '2030세대 결혼·출산 인식조사' 결과에 따르면, 여성의 절반 이상이 결혼과 출산에 부정적인 입장인 것으로 나타났다.[23] 출산을 고려하지 않는 이유로 여성은 주로 '육아에 드는 개인적 시간·노력을 감당하기 어려워서'라고 답한 반면, 남성은 경제적 이유를 꼽았다. 이는 아이를 기르는 책임이 여전히 여성에게 전가되고 있는 현실을 여실히 보여 준다.

물론 가정을 이루고 아이를 키우는 일은 많은 이에게 행복하고 의미 있는 선택일 수 있다. 하지만 여성의 74%가 경험하는 '경력 단절'과 '독박 육아'는 결혼과 출산을 주저하게 만든다. 이런 현실 앞에서 가정을 꾸리는 선택을 망설이는 것은 당연해 보인다.

#삼십 대 후반 여성, 박사 과정 공부하고 있습니다

회사 생활과 석사 과정을 병행한 삼십 대 후반 여성인 나는 퇴사하고 박사 과정 공부에 전념하기로 결정했다. 주변에 진학 계획을 공유하자 응원과 함께 여러 질문이 쏟아졌다.

"교수라도 되려고 그래?", "공부도 좋은데, 올해 몇 살이지? 결혼은 생각 없어?", "응원하는데……, 아이 낳을 거 생각하면 결혼도 좀 서둘러야겠다."

박사 과정을 한다고 하니, 내 인생 계획을 궁금해하는 사람들이 많아졌다. 그중에서도 결혼과 출산에 관한 염려 섞인 질문들이 주를 이뤘다. 연구 활동가가 되고 싶다는 포부나, 도시의 환경 정책, 시민 참여, 지속가능발전 분야에 대해서 좀 더 연구하려 한다는 계획은 나눌 틈이 없었다. 내가 삼십 대 후반 여성의 '정상적인' 삶의 루트에서 벗어났다는 듯이 걱정하는 말들에 몸 둘 바를 몰랐다. 말로만 듣던 결혼 압박이 이런 거구나! 질문 폭탄을 받고 나서야, 왜 나는 결혼도 안(못) 하고 아이도 안(못) 낳고 있는 여성으로 살고 있는지 생각해 보게 되었다.

#'탐욕스러운 일자리'의 그림자에는

답을 찾아가는 과정에서 2023년 노벨경제학상 수상자 클로디아 골딘 교수를 떠올렸다. 골딘은 미국에서 200년 이상의 데이터를 수집하여, 소득과 고용률의 '성별 차이'가 변화한 이유와 양상을 밝히고, 여성이 세계 노동 시장에서 어떻게 과소 대표되는지를 포괄적으로 설명한다. 그는 현대 사회의 여성들은 가정과 자녀를 돌보기 위해 '탐욕스러운 일자리'

를 포기하고 '유연한 일자리'를 선택하게 되며, 이로 인해 남성과 임금 격차가 벌어지게 되었음을 지적한다.*

물론 긴 시간 불규칙하게 일한 사람에게 더 높은 보수를 주는 것은 공평해 보일 수 있다. 그러나 이런 '탐욕스러운 일자리'를 유지하기 위해서는 그 뒤에서 무상 돌봄 노동을 제공하는 가족(대부분 여성)이 필요하다. 골딘 교수가 지적하는 '소득과 고용률의 성별 차이'의 핵심은 바로 탐욕스러운 일자리에 가려진 그림자 속의 여성이다. 가족 돌봄 노동이나 유연한 일자리를 원하지 않는 여성들에게 결혼과 출산이란 미래는 그려지기 어려울 수밖에 없다.

'탐욕스러운 일자리'와 그 이면의 무상 돌봄 노동의 문제는 우리 사회가 '돌봄'의 가치를 어떻게 인식하고 있는지를 보여 준다. 현대 자본주의 사회에서 돌봄은 점차 그 본질적 의미를 잃어 가고 있다. 한때 공동체의 핵심 활동이었던 돌봄은 이제 '필요한 사람이 돈을 주고 구매해야 하는 서비스'로 전락했다.

제목부터 야심 찬 책『돌봄 선언』에서는 누구든 언제라도 돌봄이 필요함을 설명하며 사람은 서로 의존할 수밖에 없음을 꼬집는다. 더불어 사회와 공동체의 돌봄 역량을 복

---

* '탐욕스러운 일자리(Greedy job)'는 높은 보수를 제공하지만, 장시간 근무나 불규칙한 스케줄 등 과도한 헌신을 요구하는 직종을 일컫는다. 이런 일자리는 개인의 사생활과 일-가정의 균형을 해치는 경향이 있다. 반면 '유연한 일자리'는 근무 시간과 장소에 유연성을 제공하여 개인 생활과의 균형을 가능케 하지만, 대체로 낮은 임금과 제한된 승진 기회를 동반한다.

원하고 우선시해야 함을 '선언'하는 것을 통해, 그간 제대로 평가받지 못했던 '돌봄'의 가치를 재조명하자는 메시지를 건네기도 한다.[24] 그러나 지금의 '탐욕스러운 일자리'가 지배하는 노동 시장에는 경제 성장만 강조된다. 이로 인해 돌봄과 가사 노동은 간과되고, 우리 사회의 상호의존성은 점차 약해져 간다.

#여성 노동자로서 평생 넘지 못할 28~30세 남성 평균 임금

돌봄의 가치가 저평가되고 여성이 유연할 일자리를 갖게 되는 사회적 현상은 노동 시장에서의 성별 격차로 이어진다. 특히 한국은 OECD 국가 중 성별 임금 격차가 가장 크다. 성별 임금 격차가 30%를 넘는 유일한 나라이자, OECD 평균보다 두 배 이상 높은 나라이기도 하다. 통계청 경제활동인구조사 데이터로 최근 10년간(2013~2022) 연도·연령별 평균 임금을 산출한 결과 여성은 보통 30~39세 사이에 생애 최고 임금을 달성한다. 하지만 이 최고점도 28~30세 남성의 평균 임금에 미치지 못한다. 남성의 임금이 계속 상승하는 동안, 여성 임금은 50대에 이르면 남성의 절반 수준으로 하락한다.[25]

높은 학력이 곧바로 높은 업무 능력을 의미하지는 않겠지만, 대학 진학률도 언제나 여성이 더 높은데 평균 임금은 이

렇게 차이가 난다. 긴 시간과 큰 비용을 들여 공부한 후 일
할 만반의 준비가 되어 있지만, 결국 돌아오는 것은 남성에
비해 낮은 임금과 출산에 대한 압박이다. 출산도 결혼도 선
택하지 않은(못한) 삼십 대 여성인 나의 미래가, '유연한 일
자리'와 '무상 돌봄 노동'으로 눈감고 다이빙하는 결말을 맞
이할까 두렵다.

전 세계의 재생
에너지 사용
늘리기
7-2

기후변화 대응
역량 강화를 위한
메커니즘 알리기
13-B

나도 에너지 생산자가 될 수 있을까?

#에너지 소비자를 넘어

내가 쓰는 에너지를 내가 만들어 쓰는 삶, 즉 '에너지 자급자족'은 생태 도시에서 사는 것을 꿈꾸는 나의 오랜 소원이다. 그중에서도 햇빛, 바람 등 자연의 재생 에너지로 전기를 직접 만들고 쓰기를 바란다. 하지만 공간이 부족한 도시에 사는 개인이 자급자족할 에너지를 생산하는 일은 쉽지 않다.

생산이 어렵다면 소비할 때라도 햇빛이나 바람으로 만들어진 재생 에너지를 골라 쓰고 싶은데, 우리나라는 에너지 공급이 중앙 집중형이라서 특정한 에너지를 선택해 쓰는 것도 불가능하다. 석탄(34.3%), 가스(29.2%), 원자력(27.4%), 신재생 에너지(7.5%)가 섞인 전력이 일괄적으로 공급되기 때문이다.[26]

발전소는커녕 산허리에 드문드문 세워져 도드라지는 고압 송전탑도 눈에 잘 띄지 않는 대도시에서, 우리는 에너지를 생산하는 일에 참여할 수 없는 걸까?

그런데 최근에 '에너지 프로슈머(Prosumer)'라는 개념이 등장했다. 에너지 생산자(Producer)와 소비자(Consumer)를 결합한 신조어로, 기존의 수동적 에너지 소비자가 아닌 '능동적 에너지 소비자'를 뜻한다.[27] 에너지 프로슈머는 직접 에너지를 생산·저장·판매하는 역할을 맡을 수 있고, 특히 재생 에너지를 자가소비하고 남은 전력을 활용해서 수익을 창출할 수 있다.

새로운 개념까지 만들어졌으니 드디어 에너지 생산자가 될 거라고 기대했지만, 재생 에너지 중 개인이 비교적 쉽게 도전할 수 있는 '태양광 발전'도 누구에게나 열려 있지는 않다. 예를 들어, 우리 집은 동남향이라 햇빛이 들어오는 시간이 한정적이고, 베란다에 설치할 수 있는 태양광 발전 용량에도 제한이 있다. 공동 주택의 특성상 설치하기 전에 이웃 세대의 동의도 얻어야 한다.

태양광 발전을 하지 못한 이유만 자꾸 떠오르긴 하지만 희망적인 소식도 있다. 지자체에서 지원 사업을 시행하고 있어서, 내가 사는 수원시에서는 미니태양광 발전 설비 설치

비용 80%(도비 40%, 시비 40%)를 지원한다. 덕분에 개인의 에너지 생산 문턱이 크게 낮춰졌다. 걱정은 잠시 넣어 두고 내년에야말로 꼭 신청해서 부딪혀 보련다.

#나 혼자 햇빛 발전을 할 수 없다면 함께해 보자

집에서 직접 햇빛 발전을 하기 어렵다면, 지역에서 햇빛 발전을 하는 협동조합에 가입하는 것으로 참여하는 방법도 있다. 그렇게 나도 '수원시민햇빛발전사회적협동조합'의 조합원이 되었다. 우리 협동조합은 동네에 '햇빛 발전소'를 짓고 그 전력을 이웃에게 나누는 공동체다. 더 나아가 우리 지역에서 쓰는 에너지를 직접 발전해 에너지 자립에 한 발짝 다가서고 있다.

햇빛 발전소를 짓는 데는 조합원의 출자금이 필요하다. 그래서 새로운 발전소를 건립할 때 '햇빛 펀드'를 모집한다. 이 펀드로 재생 에너지 발전에 투자하면 지역 에너지 전환에 동참할 수 있을뿐더러 연 단리 이자도 받을 수 있어 일석이조다. 수원 동부 버스 공영 차고지에 설치한 '나눔햇빛발전소 10기'를 짓기 위해서 나 외에도 많은 시민이 펀드에 참여했고, 2021년 7월 무사히 준공되었다. 이 발전소는 2022년 한 해 동안 1,014,883kWh의 전기 에너지를 만들어 냈는데,[28] 이는 779명의 한국인이 1년간 쓸 수 있는 가정용 전기량에 해당한다.

버스 공영 차고지의 햇빛 발전소 준공식을 하는 날은 여우비가 내렸다. 여우비가 어서 그치고 볕이 다시 비치길 기다렸다. 투자하기 전에는 비가 내리든 햇빛이 강하든 별 관심이 없었지만, 햇빛 펀드 투자자가 되고 나니 이제는 뜨거운 햇빛이 삶의 커다란 일부가 된 것만 같다. 이때부터 나에게는 틈틈이 발전소 현황을 확인하는 습관이 생겼다. 에너지 생산에 참여했다는 뿌듯함과 더불어, 우리 동네에서 직접 에너지를 만든다는 자부심이 일상에 활력을 불어넣는다.

#햇빛과 바람이 주는 연금

햇빛 발전소 운영이 개인적 참여 방식이라면, '햇빛 연금'은 지역 전체가 참여하는 혁신적인 모델이다. 햇빛 연금은 재생 에너지 발전의 이익을 지역 주민과 직접 공유하는 시스템으로, 환경 보호와 지역 경제 활성화를 동시에 추구한다. 햇빛 연금의 기본 원리는 태양광 발전소가 생산한 전력 판매 수익의 일부를 지역 주민들에게 배분하는 것이다. 이를 통해 주민들은 태양광 발전소 운영의 직접적인 수혜자가 되며, 동시에 지역 사회 발전에도 기여하게 된다.

전라남도 신안군은 이 모델의 대표적인 성공 사례다. 신안군은 지역 내에 설치된 태양광 발전소의 수익 일부를 '햇빛 연금'으로 발전소 인근 주민에게 지급했다. 이 정책이 좋은 반응을 얻자, 신안군은 '바람 연금'으로 확장하여 풍력 발전 수익을 신안군민 전체에게 지급하는 계획을 수립했다. 이러한 재생 에너지 이익 공유 모델은 주민들의 재생 에너지에 대한 인식을 크게 개선했고, 덕분에 재생 에너지 프로젝트의 성공적인 운영에 가장 필수적인 주민 수용성을 높일 수 있었다.

더욱 주목할 만한 점은 이 정책이 지역 인구 문제 해결의 실마리가 되었다는 것이다. 신안군의 경우, 꾸준히 감소하던 인구가 햇빛 연금 도입 이후 증가세로 돌아섰다. 지방 소멸이라는 문제에 직면한 지역에 새로운 희망을 제시하면서, 인구 감소와 고령화에 시달리는 지자체들에서 이 모델의 도입을 적극적으로 검토하고 있다. 이 사업에 지속적으로 관심을 가지고 개선해 나간다면, 우리는 이제 에너지 소비자에서 생산자로, 더 나아가 에너지와 환경, 지역 사회의 상생을 도모하는 능동적인 참여자로 거듭날 수 있다.

에너지 효율을
두 배로 높이기
7-3

자원 낭비를 부추기
는 시장 왜곡 없애기
12-C

제5의 에너지, 절약

#절약도 에너지

우리의 삶에 에너지는 꼭 필요하다. 정확히 말하자면, 에
너지로 만들어 주는 빛, 따뜻함, 시원함, 요리 등의 '기능'이
필요하다. 에너지를 제대로 이용하기 어려웠던 아주 먼 옛
날에는 쾌적한 공간을 찾아 떠돌았지만, 이제는 에너지를
사용해 그러한 환경을 만들 수 있게 되었다. 아무리 새로운
시대가 도래해도, 인간의 기본적인 생존 요건은 예나 지금
이나 그리 다르지 않다.

인류가 처음 활용한 에너지는 불이었다. 이후 석탄, 석유,
원자력으로 발전했고, 현재는 신재생 에너지로 전환되고 있

다. 하지만 결국 모든 에너지원이 생산하는 것은 '전기'다. 방식의 차이만 있을 뿐, 집 안의 콘센트로 흘러오는 220V 전기만 있으면 생활에 필요한 대부분의 기능을 취할 수 있다.

그러나 쉽게 만들 수 있다고 믿었던 전기가 여러 환경 문제를 유발하고 있다. 석탄과 석유 같은 화석 연료는 지구 온난화의 주범인 온실가스를 내뿜었고, 그 여파에 대해 말하기 입 아플 정도다. 원자력이라고 부르는 '핵 발전'은 안전성이 보장되지 않으며, 처치 곤란의 핵폐기물을 남기고 있다. 심지어 태양광, 풍력 등 재생 에너지조차 발전 패널 폐기물 문제, 발전소 설치 과정에서 생기는 자연 파괴 문제 등 환경에 미치는 영향이 적지 않다.

그렇다면 에너지 생산보다도 '사용'의 근본적인 방식을 재고해 봐야 하지 않을까? 2009년 《뉴욕타임스》는 이러한 맥락에서 불, 석유, 원자력, 신재생 에너지에 이어 절약을 '제5의 에너지'로 규정했다. 에너지 절약은 새로운 에너지원을 개발하는 것보다 훨씬 즉각적으로 실행 가능하며, 환경 영향을 최소화하면서도 자원 효율성을 극대화할 수 있는 방법이기 때문이다.[29] 이는 에너지 독립을 위한 가장 빠른 길이기도 하다.

#신호등이 꺼진 날

　언젠가 우리의 에너지 의존성에 대해 생각해 보게 된 날이 있다. 어느 늦여름 교통 신호등이 갑자기 꺼진 도로에서 사람들은 우왕좌왕했고, 교차로는 그야말로 혼란에 빠졌다. 거의 여섯 시간 동안 전기가 들어오지 않은 동네는 무척 후텁지근했다. 어두컴컴한 방에서 양초 대신 향초라도 찾으며 여전히 당황스러워하고 있을 때, 눈이 부시게 전기가 다시 돌아왔다.

　무더운 날씨로 인해 냉방 전력을 과다 사용하면서 발생한 이 '순환 정전' 사태는 모두에게 처음 일어난 것이었지만, 전력 업계는 순환 정전 위기가 다시 닥칠 수 있다고 경고한다. 최대 전력 사용량이 해마다 늘어나고 있기 때문이다.[30] 에너지경제연구원의 「중기 에너지수요전망(2022~2027)」 보고서에 따르면 2022년 에너지 최종 소비는 214백만 TOE* 수준이며, 2027년에는 223백만 TOE로 증가할 것으로 전망한다. 그러면서 소비에 비해 석탄 발전이 감소한 이유로 '송전 선로 제약'을 꼽았다. 동해안 지역에 원자력과 석탄 등 대규모 발전 설비가 확대되고 있지만, 송전 설비에 대해서 주민 수용성 문제로 준공이 지연되면서 공급에 문제가 발생했다는 것이다.[31]

　그러므로 이제는 단순히 공급을 늘리는 것이 에너지 사

---

* 석유환산톤. 각종 에너지원을 석유 1톤을 연소시킬 때 발생하는 에너지로 환산한 단위다.

용의 해결법이 되기는 어려우며, 효율적인 사용과 절약이 더욱 중요해진다. 아쉽게도 보고서에 '제5의 에너지'는 언급되지 않았지만 이제는 절약에 대한 인식을 정책적으로도 반영해야 할 때다.

#절약과 에너지 독립

러시아–우크라이나 전쟁으로 발생한 유럽의 에너지 위기는 에너지 독립의 중요성을 다시 한번 일깨운다. 러시아가 천연가스 공급을 제한하면서 가스와 전기 가격이 급등하자, 유럽은 2022년부터 에너지 부족 사태에 처했다.

독일은 에너지 공급이 부족할 수 있다며 가스를 약 20%까지 절약해야 함을 경고하고, 기업과 가정의 생활 속 에너지 절약 지침을 제시했다. 구체적으로는 사무실 실내 온도는 최대 19℃로 제한하고, 옥외 광고판은 밤 10시 이후 조명을 끄는 등 중단기적 에너지 절약 조치를 시행했다.[32]

독일은 더 나아가 '에너지 효율 법안'을 시행하며, 2030년까지 에너지 소비량을 11.7% 감축하기로 합의한 유럽연합의 에너지 효율 지침을 일부 반영하기도 했다.[33] 또한 "신뢰할 수 있는 파트너로부터 더 저렴하고(affordable), 안전하며(secure), 지속가능한(sustainable) 에너지를 확보하는 것", 즉 에너지 독립을 위해 여러모로 노력을 기울이고 있다.[34]

에너지의 97%를 수입에 의존하는 우리나라에도 에너지 독립은 중요한 과제다. 유럽연합의 사례를 참고해 기업과 가정이 실천할 수 있는 구체적인 지침을 안내하고, 안정적인 에너지 공급을 대비해야 한다. 더불어 국가 차원에서 에너지 소비 실태를 점검하고 개선해 나가야 한다.

자원 확보 경쟁이 점차 치열해질수록 제5의 에너지인 '절약'의 역할은 국가 에너지 안보와 지구 환경 보호라는 커다란 사안들에서 중요한 역할을 차지하고 있다. 그렇다면 우리 집 관리비 절감은 에너지 절약이 가져다주는 이득 중 가장 작은 부분일 것이다.

ACT NOW 도움말

- 전기 주전자에는 필요한 만큼만 물을 채워 끓이고, 냄비를 사용할 때는 뚜껑을 덮자. 물을 끓이는 데 필요한 에너지의 양을 75%까지 줄일 수 있다.
- 사용하지 않는 공간의 조명을 끄자. 몇 초 동안이라도 끄면 전구 종류와 상관없이 조명이 켜지는 데 걸리는 시간보다 더 많은 에너지를 절약할 수 있다. 참고로 LED 전구를 쓰면 백열전구 대비 최대 90%까지 에너지를 아낄 수 있다.
- 겨울에는 카펫을 깔거나 창문에 단열 필름을 붙이자. 전기 사용을 줄이면서 집 안을 따뜻하게 유지할 수 있다.
- 웬만하면 찬물로 세탁하자. 따뜻한 물은 더 많은 에너지를 사용한다.

모든 산업과 인프라
를 지속가능하게
개선하기
9-4

천연자원을 지속
가능하게 관리하고
효율적으로 쓰기
12-2

지속가능한
생활 방식에 대해
모두에게 알리기
12-8

고쳐 쓸 권리

#디지털 공정 수리권 보장법이 있는데?

고장 난 물건을 고쳐서 다시 쓰는 일, 그건 생각만큼 녹
록지 않다. 우리가 매일 같이 사용하는 스마트폰만 해도 그
렇다. 배터리 수명이 다해 새로운 배터리로 교체하려면 먼
저 별 모양 나사를 푸는 특수 드라이버를 구해야 한다. 공
구를 구해 첫 관문을 통과한다 해도 난관은 계속된다. 어떤
부분이 고장 났는지, 정상 작동 상태는 어떤 것인지 알려
주는 정보를 찾기 쉽지 않기 때문이다. 소비자인 내가 직접
고칠 수 있는 수준인지 판단할 수 있는 기본적인 기준도 없
다 보니, 비싼 수리비를 감당하기보다는 새 제품을 사는 게

낫다고 생각하게 된다.

미국은 '디지털 공정 수리권 보장법'을 시행해, 비싼 비용 때문에 수리가 가능한 제품을 버리게 되는 이런 상황을 방지하고 있다. 이 법은 제조업체가 소비자와 일반 수리 업체에 제품을 직접 수리할 수 있는 부품, 공구, 문서를 의무적으로 제공하도록 한다. 특정 업체를 찾지 않아도 누구나 제조사의 부품을 이용해 고쳐 쓸 수 있게 되면서 '수리권'을 보장해 준다.[35]

수리권은 '순환 경제'라는 새로운 경제 패러다임과 맥을 함께한다. 순환 경제는 자원을 최대한 오래, 효율적으로 사용하고 폐기물 발생을 최소화하는 경제 시스템을 말한다. 수리하여 오래 쓸 권리는 이러한 순환 경제 사회에서 꼭 보장되어야 할 권리다. 튼튼한 제품을 생산하고, 고장 난 제품은 수리하여 수명을 늘리면 자연스레 쓰레기는 줄어든다.

#고쳐 쓰는 지혜와 솜씨를 공유하자

"뭐 하나 허투루 버리는 법이 없어." 작은 풀 한 포기도 쓰임을 찾는 어른들의 마음가짐을 자주 떠올린다. 한정된 자원을 효율적으로 이용하고 낭비하지 않는 첫걸음은, 이미 가진 물건을 소중히 여기고 오래 쓰는 일에서 시작되기 때문이다. 어른들의 필요한 걸 뚝딱 만들어 내는 솜씨나 여러 물건을 다양한 용도로 쓰는 지혜는 내가 꼭 얻고 싶은 능력 중 하나다.

삶에 필요한 물건만을 남기고 싶어 시작한 미니멀리즘 게임의 폭풍에도 살아남은 물건들은, 내가 진심을 다해 좋아하는 것이거나 여기도 쓰이고 저기도 쓰이는 유용한 것들이다. 버리는 지하철 광고판과 자전거 폐 타이어를 새활용하여 만든 백팩, 지역 미술 작가의 작품이 담긴 굿즈인 유리컵, 나무 선박에 쓰였던 목재로 만든 의자가 그렇다. 시원한 바람을 만들면서 햇빛도 가려 주는 대나무 접선, 땀을 닦고 코를 풀고 물건도 포장할 수 있는 손수건처럼 다재다능한 물건도 아낀다. 특히 손수건은 아빠가 입던 헌 면 셔츠의 등판을 자르고 직접 손바느질로 만든 것이라 더욱 애정이 간다.

비움과 채움의 갈림길에서 물건의 새로운 쓰임을 발견할 때마다 지혜가 쑥쑥 자라는 느낌이다. 남은 물건들을 오래 쓰면 쓸수록 추억도 차곡차곡 담긴다. 이런 물건들이 쉽게 버려지지 않도록 고쳐 쓰기 위한 공구와 방법을 공유하는 공공기관의 서비스가 활성화되면 좋겠다. 평소에는 잘 쓰지 않는 공구를 대여하고 더 좋은 방법을 나누는 공간이 확산된다면, 삶의 이야기를 담은 물건들이 많아지고 자연스럽게 쓰레기도 줄어들지 않을까?

- 제품을 살 때는 최대한 수리할 수 있는 제품을 구매하자. 제조사의 수리 정책이나 부품 공급 기간 등을 체크하거나, 분해가 쉬운 모듈형의 제품을 우선순위로 두자.

- 칼과 가위는 갈아 쓰고, 살이 부러진 우산은 고쳐 쓰자. '수리상점 곰손(@gomson_repair)'에서 재료와 공구를 빌려 쓰거나, 주최하는 수리 워크숍에 참여해 다양한 제품의 수리 방법을 직접 배울 수 있다. 지역 내의 공구도서관을 체크해 이용하는 방법도 있다.

- 사용하지 않는 중고 휴대폰은 수거 서비스를 이용해 기부해. 세계의 10억~15억 명이 여전히 통신 서비스를 받지 못하고 있는 현실에 대한 인식을 높여 보자. 또한 휴대폰 한 대를 자원 순환할 때마다 $0.24kgCO_2eq$의 온실가스를 줄일 수 있다. 나눔폰 사이트(나눔폰.kr)나 폐휴대폰 수거 기계 '민팃'을 통해 순환에 참여하면 '탄소중립 포인트' 1,000점까지 얻을 수 있다.

천연자원을 지속
가능하게 관리하고
효율적으로 쓰기
12-2

폐기물 발생을
대폭 감축하기
12-5

소비 디톡스

#중독 사회 그리고 쇼핑 중독

우리 모두 무엇인가에 중독되었다. 나도 마찬가지다. 길을 걸을 때면 스마트폰에 무의식적으로 눈길을 빼앗기고, 뭔가 새로운 알림이 온 것만 같은 착각에 자꾸 화면을 켜 본다. 여가 시간이 없음을 한탄하면서도 어느새 또 다른 일에 시간을 쏟고, 공부에 지친 뇌를 위한 것이라며 습관적으로 탄수화물과 달콤한 간식을 찾고 있다. 끊어야지, 끊어야지 하면서도 카페인을 들이키지 않으면 어디론가 떠난 정신이 돌아오지 않는다.

그중에서도 인터넷 쇼핑은 어느새 습관처럼 자리 잡아 일상의 상당 부분을 잡아먹고 있었다. 리뷰와 상세 정보를 꼼꼼히 살피고, 여러 사이트의 가격과 할인 쿠폰을 비교하고, 배송비를 확인하고, 요즘 유행이 뭔지도 한번 찾아보고……. '합리적 소비'를 한다는 핑계를 대면서 쇼핑하는 행위 자체가 주는 즐거움에 중독되어 있던 것이다. 미니멀한 삶을 살아 보겠다며 불필요한 물건들을 정리하고 버렸는데도 잡동사니가 끝없이 쌓여 가는 데는 다 이유가 있었다. 비우면 뭐하나, '친환경'이 붙은 잡동사니를 그렇게 새로 사들이고 있는데.

택배 도착을 알리는 문자는 늘 반가웠지만, 종종 주문한 물건이 무엇이었는지 기억하지 못하거나, 관심이 사그라들어 며칠 동안 택배를 뜯지 않고 방치하기도 했다. 쇼핑하느라 경제적 어려움에 빠진다거나 쇼핑을 절제할 수 없는 극단적인 중독 수준까지는 이르지 않았다고 해도, 조금 우울하거나 불안해지면 충동적으로 무언가를 소비하곤 했다. 그러고 나면 환경에도 내 호주머니 사정에도 안 좋은 소비를 했다는 죄책감이 어김없이 밀려왔다.

#'소비의 달' 만들기

여전히 무엇인가에 중독된 채로 살아가고 있지만, 적어도 '소비 중독'에서는 거의 해독되었다고 자신 있게 말할 수 있다. 책 『제로 웨이스트는 처음인데요』에서도 소개한 '소비 디톡스(해독)' 덕분이다. 블로그 이웃 '보공' 님 덕에 알게 된 소비 디톡스는 소비하는 달과 하지 않는 달을 구분해서 쇼핑 중독을 벗어나고자 하는 프로젝트다.

나는 1월, 4월, 7월, 10월을 소비의 달로 정했고, 그 외의 기간에는 생필품, 경조사, 경험 관련 소비만을 허용하기로 했다. 이렇게 소비 디톡스를 하고 나서야 비로소 내가 인생의 아주 많은 부분을 쇼핑하느라 허비하고 있었음을 깨달았다.

처음부터 소비 디톡스가 순조로웠던 것은 아니다. 소비하지 않는 대신에 '소비의 달에 살 물건을 미리 고르는' 행위에 어느새 몰두하고 있었다. 새로운 물건을 소유하게 된다고 생각하는 순간에 도파민이 제일 많이 분비된다더니,[36] 장바구니를 채우는 기쁨에 빠져 물건들을 담고 또 담았다. 그러나 도파민과 함께 담긴 장바구니 속 물건들을 결제할 수 있는 소비의 달이 되었을 때, 나는 당황하고 말았다. 신중하게 고르고 고른 장바구니의 물건 목록이 낯설었기 때문이다.

'내가 정말 이런 물건을 원했다고?' 마치 누군가 내 계정을 해킹해서 물건을 담은 듯한 기분이었다. 생필품이라는 명목으로 구매하려 했던 물건들조차 이미 충분히 갖추고 있었다. 늘 합리적인 소비를 하고 있다고 자부했는데, 실은 생각 없이 욕망에 휘둘리고 있던 것이다. 이 사실을 깨달아

가면서 서서히 나의 눈을 가리고 있던 소비 중독의 콩깍지가 벗겨졌다.

#우리는 이미 세종대왕처럼 살고 있다

소비 중독에서 해독되고 나니 내 삶이 이미 충분히 풍요롭다는 사실이 크게 다가왔다. 현대 도시 사람들의 에너지 소비량은 과거 봉건 시대로 치면 말 20필과 종 20명을 거느리는 귀족의 수준이고, 중산층은 세종대왕 못지않은 풍요를 누리고 있다고 한다.[37] 보통의 소비자로 살고 있다고 생각했는데, 필요 이상으로 낭비하고 소비하는 일을 반복하고 있었다. 과거에는 왕 한 명만 누리던 사치를 이제는 모두 누리고 있으니 자원 고갈은 필연적인 일이다.

독일의 정치경제학자 마야 괴펠은 책 『더 좋은 선택』에서 오늘날 대다수가 누리는 '윤택함'과 '자유'의 뒷모습을 설명한다. 우리가 얻은 풍요는 지구의 회복 속도를 넘어서는 자원 착취에서 얻어진다는 것이다.[38]

그러므로 현재의 무분별한 소비 중독은 지구 자원을 고갈시키는 것뿐 아니라 자기 발등을 찧는 것처럼 파멸적인 결과를 가져올 수 있다. 끝없는 욕구를 채우겠다고 소비를 반복하고, 그 소비를 위한 돈을 버느라 가진 것을 누리지도 못하는 소비의 쳇바퀴 위를 달리게 된다. 만족감에 도달할 수 없도록 새로운 소비를 꾸준히 부추기고 삶의 방식을 망쳐 놓는 낭비 사회를 벗어나고 싶다면 한번 도전해 보자, 소비 해독!

자원의 소비와
생산을 효율적으로
개선하기
8-4

기업들의 지속가능한
경영 방식 채택을
권장하기
12-6

내가 바로 녹색 호갱님?

#친환경 잡동사니

'호갱님'은 호구와 고객님(발음이 나는 대로 '고갱님'으로 변형)의 합성어로, 바가지를 씌우기 쉽거나, 불리한 조건을 별다른 항의 없이 받아들이는 소비자를 일컫는 말이다.[39] 합리적인 소비자를 지향하는 나와는 전혀 상관없는 단어라고 생각하고 싶지만, 사실 내가 바로 녹색 호갱님이다.

소비 디톡스를 실천하면서 불필요한 소비를 많이 줄였지만, '친환경', '지속가능성'이라는 말이 나오면 여전히 눈과 귀가 끌려가 결국엔 지갑을 열기 때문이다. 친환경 소비를 하는 게 어떻게 호구로 이어지는 건지 의아할 수 있다. 하지만 정말 그 소비가 환경에 친화적인지 별다른 검증도 없이 구매하는 내가 영락없는 호갱이 아니면 뭐란 말인가.

더욱 문제는 이 녹색 소비에 있어서는 소비 디톡스의 원칙이 무색해지게 필요성을 제대로 따져 보지도 않는다는 점이다. '제로 웨이스트', '업사이클링' 같이 물건에 붙은 녹색 수식어에 홀딱 현혹되어 산 가방, 휴대용 태양광 발전기(심지어 한 번도 사용하지 않았다.) 등 각종 물건은 결국 새로운 친환경 잡동사니가 되어 집에 쌓여만 간다.

#낭비 사회를 부추기는 '계획적 진부화'

새로운 물건을 사는 일, 그것만큼 우리 일상생활의 많은 부분을 차지하는 행위가 또 있을까? 우리의 자원은 '하나뿐인' 지구로 한정되어 있는데도, 누군가는 마치 지구가 여러 개인 것처럼 막대한 자원을 생산하고 소비하고 버린다. 당연하게도 다른 누군가는 극심한 자원 부족에 시달리게 될 테니 죄책감에 혼란스럽기도 하지만, 생각하기를 멈추는 것으로 슬그머니 발을 빼곤 한다.

이러한 자원의 불균형과 낭비는 현대 경제 시스템의 근본적인 문제점을 드러낸다. 경제 성장을 위해 기업은 끊임없이 물건을 만들어 내야 했다.[40] 이미 넘쳐나는 물건들로 더 이상 수요가 없어졌는데도 쏟아져 나오는 물건들은 어떻게든

'소비되어야만' 했다. 그 결과 많은 물건이 버려지고 새로 팔리기 위해 설계 단계에서부터 결함과 수명 단축이 계획되었다. 이것이 낭비 사회를 유지하게 만들어 주는 '계획적 진부화'의 기본 원리다.[41]

계획적 진부화 외에도, 우리의 욕망을 꾸준히 자극하는 심리적 진부화 '광고' 역시 낭비 사회를 유지하는 데 일조한다. 광고가 그런 힘이 있다고? 철학자 펠릭스 가타리는 이미지나 영상이 반복되면 돌연 에너지가 된다는 점을 발견했다.[42] 반복적으로 광고를 보기만 해도 그 물건을 사고 싶다는 욕망을 만들어 낼 수 있고, 심지어 물건을 사는 행위까지 도달케 하는 에너지가 발생하는 것이다. 어쩐지 저녁을 잔뜩 먹고도 먹방을 보면 배가 고파지고, 그 음식이 딱 먹고 싶어지더라니!

#광고 속 그린 워싱

광고의 영향력은 환경 문제에 대한 관심도가 높아지면서 새로운 형태로 진화하고 있다. 환경을 오염시키는 것을 알면서도 일부러 그 행위를 하는 사람은 사실 드물다. 그런 소비자들의 양심의 가책을 덜어 주고 마음 편하게 소비할 수 있도록 어떤 광고들은 점점 교묘해진다. 환경 보호 활동을 내세우며 그 기업 물건을 사는 것이 환경을 지키고, 사회를 증

그린 워싱의 종류

그린 라이팅	전체적으로는 환경에 나쁜 영향을 미치지만, 일부 좋은 부분만 강조하여 마치 친환경적인 것처럼 보이게 하는 경우 예시) 전기차 배터리 제조 과정에서 발생하는 환경 오염은 언급하지 않 고, 주행 시 온실가스를 배출하지 않는다는 점만 강조하여 광고
그린 라벨링	제품에 '친환경', '자연주의' 등의 단어를 사용하지만, 실제로는 근거가 없 거나 사실과 다른 경우 예시) 화학 성분이 다수 포함된 세제에 '자연 유래 성분 함유'라는 문구만 크게 표기하여 판매
그린 크라우딩	기업들이 친환경 연합 뒤에 숨어 변화를 위한 실질적인 행동은 하지 않는 경우. 그 집단에 속해 있다는 사실만으로 환경적인 책임을 다하는 것처럼 보이려는 전략이다. 예시) 플라스틱 사용을 줄이겠다는 환경 협약에 가입만 하고, 실제로는 플라스틱 사용량을 줄이기 위한 어떤 조치도 취하지 않는 기업
그린 린싱	달성하기 어려운 야심찬 친환경 목표를 설정하고, 달성하지 못하면 계속 변경하는 경우 예시) 2025년까지 100% 재생 에너지 사용을 약속했으나, 목표 달성이 어려워지자 2030년으로 연기하고, 다시 2035년으로 계속 목표를 수정
그린 허싱	투자자나 소비자의 감시와 비난을 피하기 위해 의도적으로 기업의 친환 경 활동을 숨기거나 축소하는 전략 예시) 재활용 플라스틱을 사용한 제품 라인을 개발했지만, 환경 단체 등 의 세세한 비판을 우려해 이를 적극적으로 홍보하지 않고 소극적으로 판매
그린 시프팅	환경 문제의 책임을 기업이 아닌 소비자에게 떠넘기는 행위 예시) 일회용 사용을 줄이기 위해 소비자에게 개인 용기 지참을 강조하 면서, 기업 차원의 포장재 개선은 하지 않는 패스트푸드 체인

(출처: 플래닛 트래커)

진하고, 지속가능한 미래를 만드는 데 일조한다고 생각하게 만든다. 이들이 사용하는 전략은 그린 워싱(Green Washing, 위장환경주의)으로, 실제로는 그렇지 않으면서 마치 환경을 보호하는 것처럼 위장하는 것을 의미한다.[43]

비영리 금융 싱크탱크* 플래닛 트래커는 기업들의 그린 워싱 행태를 왼쪽 표와 같이 크게 여섯 가지로 구분한다.[44] '친환경', '탄소 상쇄', '에코' 등의 용어를 무분별하게 사용하는 그린 라벨링은 주변에서 흔하게 볼 수 있는 대표적인 그린 워싱이다. 기업이 기후변화와 환경 파괴의 잘못을 소비자에게 전가하는 그린 시프팅은 괘씸하기까지 하다. 소비자들이 그린 워싱을 주의해야 하는 것도 맞지만, 기업들의 교묘한 속임수를 어떻게 전부 파악하고 비판적으로 인식하란 말인가.

#드디어 친환경 광고 가이드라인이 만들어졌다

그러므로 이제는 광고, 영상 등 우리가 반복적으로 노출되는 여러 미디어에도 기후위기에 관한 윤리적 책임성을 부여해야 한다. 2023년 9월 공정거래위원회는 「환경 관련 표시·광고 심사 지침」을 개정했고, 10월 말에는 환경부와 한

---

* Think tank. 생각하는 집단이라는 뜻으로, 특정 분야를 연구해 정책 개발이나 전략 수립에 도움을 주는 전문가 집단을 말한다.

국환경산업기술원이 「친환경 위장 표시·광고(이른바 "그린 워싱") 예방을 위한 친환경 경영활동 표시·광고 가이드라인」을 발표했다.

가이드라인은 온실가스 배출량 감축 등 여러 유형별 사례를 구체적으로 소개하고, 실제 광고를 각색해 잘못된 예시와 좋은 예시를 보여 준다. 기업이 친환경 경영활동을 홍보할 때 '올바르게' 홍보할 수 있도록 지침이 만들어진 것이다. 소비자의 혼동을 부르는 부정확한 표현 사용을 주의해야 하고, "친환경", "지속가능", "최초" 등의 표현을 함부로 쓰지 못하게 되었다. 이제 소비자가 '정말' 친환경적인지 하나하나 따져 보기 전에 기업이 명확한 근거와 범위, 환경 성과 등의 정보를 구체적으로 밝히게 되었다.

물론 소비자도 제품이나 브랜드의 환경 관련 주장을 비판적으로 보는 시각을 놓쳐서는 안 된다. 기업이 진정한 환경 보호를 위해 어떤 노력을 하고 있는지 궁금해하는 소비자가 많아질수록 기업의 환경 보호 활동이 늘어난다. 환경을 책임감 있게 고려하는 소비자의 구매 선택으로 그린 워싱이 아닌 진정한 지속가능한 기업 활동을 지지할 수 있다.

자원의 소비와
생산을 효율적으로
개선하기
8-4

기후변화에 대한
교육과 역량
강화하기
13-3

절약 재테크의 대유행

#거지방과 짠테크

카카오톡 오픈 채팅방으로 운영되는 '거지방'은 합리적인
소비 생활을 위해 이용자들이 서로 지출 내용을 주고받으
며 소비 습관을 냉정하게 평가해 주는 곳이다. '사치 조장
사진 금지'와 같은 단호한 규칙을 두고 다양한 절약 방법부
터 걸음 수 기반으로 돈을 주는 앱 활용 방법까지, 서로의
팁을 공유한다.[45] 오픈 채팅에 거지방을 검색하면, 한참 목
록을 내려도 끝에 이르지 못할 정도로 대유행하게 된 것은
경제 불황 때문일까?

거지방에서 '불필요한 소비'는 이용자들에게 호된 질책을

받으며, 외식을 줄이고 집밥을 먹거나, 새 제품 구매를 자제하고 공공의 물건을 사용하는 것이 장려된다. 이런 지향점들을 지속가능한 발전의 관점에서 바라보면, 거지방은 개인의 경제적 이익과 환경 보호를 모두 추구하는 방법일 수 있다.

소비를 줄이는 것뿐 아니라 에너지 절약 또한 그러한 행위 중 하나다. 전기, 가스, 물의 사용을 줄이면 경제적인 이득도 있지만 무엇보다 자원을 아껴 환경을 보호하는 데 일조하게 된다. 꼭 거지방에 속해 있지 않더라도, 이 채팅방에서 나온 절약 팁이나 소비 습관에 대한 논의들이 밈처럼 온라인상에 퍼지면서 일상에서 절약 재테크를 실천하는 이들이 늘어나고 있다.

절약 재테크 열풍과 함께 '짠테크'라는 신조어도 생겼다. '짠다'와 '재테크'의 합성어로, 낭비의 기준을 높게 잡고 아끼는 것 이상의 실천으로 자원을 모으는 재테크를 뜻하는 단어다. 과거에는 안 먹고 안 쓰면서 허리띠를 졸라매는 것이 절약이었다면, 요즘 세대의 짠테크는 뚜렷한 목적을 가진 새로운 방식이다. 예를 들면 조기 은퇴나 자동차 구매 등 구체적으로 하고 싶은 경험이나 소비를 위해 그 외의 지출을 조절한다. 그간의 무분별한 소비를 지양하고, 진정으로 원하는 것을 위해 돈을 아끼는 짠테크는 우리나라뿐 아니라 전 세계 Z세대로 퍼져 나가는 새로운 추세를 만들고 있다.[46]

짠테크를 실천하고 있지는 않지만 절약이 재테크가 된다는 것을 경험하고 있는 나로서는 이러한 현상이 반갑다. 나는 6년째 가계부 앱에 모든 지출과 수입을 기록하고 있다. 숙제로 용돈 기입장을 썼던 초등학생 이후에는 통장 잔액을 훑어보고 적당히 소비하는 것이 관리의 전부였던 내가, 몇십 원의 은행 이자와 탄소 포인트까지 하나하나 가계부에 기록하는 사람이 되었다. 오늘, 이번 달, 올해, 작년까지, 이렇게 기간별로 돈을 어디서 얼마나 벌었고, 그걸 어떻게 썼는지 대강 추측하는 것과 그래프로 보는 것은 완전히 다른 차원이다.

1년 동안의 총수입과 월급 외 부수입의 자세한 내용을 확인해 볼 때면 그간의 일들이 머릿속에 스쳐 지나가면서 스스로를 토닥이게 된다. 최근에는 대학원에 다니면서 교육비가 매년 지출의 40%를 차지하고 있다. 큰 금액에 마음이 쓰리다가도 미래를 위해 꼭 필요한 투자였다고 달래기도 한다. 20%에 육박하는 식비는 조금 놀라워 식생활을 되돌아보기도 한다. 그 밖에도 교통비, 경조사비, 시민단체 회비, 생필품 등 세세한 지출 항목을 보면서 불필요한 소비를 하지 않았는지 점검한다. 꾸준히 모은 종잣돈이 불어나는 것을 보는 것도 가계부가 주는 사소한 즐거움이다.

절약 재테크가 유행하면서 각자 생활 속에서 실천할 수 있는 절약 요령들이 쏟아지고 있다. 작은 것부터 절약하고, 꼭 필요한 만큼만 쓰는 것은 이제 단순히 재물을 모아 보겠다는 한 사람, 한 집의 문제가 아니게 되었다. 절약 대신 소비를 부추기던 낭비 사회가 꿈꾸게 한 '무한한 자원'과 '끝없이 순환하는 자연'은 더 이상 남아 있지 않다.

기후변화에 관한 정부 간 협의체(IPCC)는 「기후변화 2023 종합 보고서」에서 수요 관리(demand control)의 중요성을 강조하며, 2050년까지 식량, 토지, 운송, 건물, 산업, 전기 분야에서의 수요 감소가 온실가스 배출량에 미칠 영향을 상세히 다룬다. 예를 들어, 이동 거리가 긴 수입 먹거리 대신 지역 먹거리 소비 체계를 구축하면 온실가스 배출량을 크게 완화할 수 있다. 또한 채식보다 육식에 더 많은 토지가 필요하기 때문에 채식을 선택해 토지를 적게 쓰면 온실가스 배출을 줄일 수 있다. 건물, 육상 교통, 식량 등 최종 사용 부문에서의 수요를 줄이게 되면, 온실가스 배출량(2050년 기준)의 40~70%까지 저감할 수 있다.[47]

구테흐스 유엔 사무총장은 이 보고서를 발표하면서 인류는 "얇은 얼음" 위에 서 있다고 경고했고, 그러면서도 이 보고서를 "기후 시한폭탄"을 해체하기 위한 설명서이자 인류를 위한 생존 가이드라고 명명했다.[48] 지속가능한 미래를 확보하는 데 남은 시간이 얼마 없음을 경고하는 동시에 행동의 중요성을 강조한 것이다.

급변하는 기후에 탄력적으로 대응하려면 사회 전체 분야에서의 총체적인 전환이 필수적이다. 절약 재테크를 하는 개인부터 모든 영역의 수요를 관리해야 하는 정부, 시민사회, 기업 모두가 그 전환을 이뤄야 할 책임을 함께 지고 있다.

ACT NOW 도움말

- 소비 기한이 임박한 제품을 판매하는 쇼핑몰을 애용하자. 식료품은 기한이 지나면 버려지기 때문에 식품 폐기물도 줄이고 식비도 아낄 수 있다.
- 충동 소비를 줄이자. 먼저 인터넷 쇼핑몰에서 장바구니에 담아 두었다가 2~3일 후에 결제해 보자. 그것만으로도 불필요한 소비를 줄여 돈을 아낄 수 있다.
- 중고 거래를 적극적으로 이용하자. 차란, 아름다운 가게, 굿윌스토어, 당근마켓을 통해 중고 거래를 하면 저렴하게 물건을 살 수 있고 플랫폼에 따라 기부도 할 수 있다. 단, 저렴하다고 무분별한 소비는 금물이다.
- 공원 산책, 도서관 이용, 박물관이나 미술관 무료 전시 관람 등 공공의 다양한 문화 활동을 적극적으로 즐겨 보자. 이용자가 많아질수록 저렴하지만 질 좋은 문화 생활 기회가 많아진다.

**폐기물 발생을 대폭
감축하기**

12-5

일회용 컵 없이 살고 싶다

#쓰레기 탐방: 다회용 컵 세척장 방문기

편리하지만 환경에 미치는 영향이 큰 일회용 컵 대신에 스
타벅스 같은 대형 카페들에서 쓰이는 리유저블(Reusable,
재사용, 다회용) 컵. 이 컵들은 어디서 어떻게 세척되고 유통
될까? 작년 제주도 출장에서 일회용 컵 없는 에코 매장에
방문했을 때, 다회용 컵을 보며 반가움과 동시에 머릿속에
떠올랐던 질문이다. 좋은 기회로 서울환경운동연합과 해피
커넥트가 함께 기획한 '쓰레기 탐방'에 참가하면서 그 궁금
증이 드디어 해소되었다.

이른 아침, 쓰레기 탐방 집결 장소에 다다르니 사전에 주

문한 스타벅스 음료가 다회용 컵에 담겨 한 잔씩 제공되었다. 현재 제주도, 세종시, 그리고 서울시(서울시청 인근 지역)의 스타벅스에서는 다회용 컵을 사용하고 있으며 그 컵에 포장할 수 있다고 한다.(컵은 다회용이지만, 스티커, 뚜껑, 컵 홀더는 모두 일회용품이다.) 커피를 마시고 한 시간쯤 달렸을까? 어느새 도착한 곳은 경기도 광주시의 다회용 컵 세척장. 그곳에는 세척을 마치고 재사용을 기다리는 컵이 여러 개의 상자에 담겨 쌓여 있었다.

이곳에서 세척되는 폴리프로필렌(Polypropylene, PP) 소재 다회용 컵은 2.6회만 재사용해도 일회용 컵보다 탄소 배출량이 적어진다. 현재는 컵 하나당 50~70회 정도 재사용된다. 다회용 컵 세척장은 "쓰레기를 만들지 않는다."를 무엇보다 가장 우선하는 가치로 삼고 있으며, 세척 과정에서 폐기되는 컵은 그냥 폐기하지 않고 플레이크로 만들어서 재활용하는 업체에 제공된다.

#다회용 컵 수거기

참가자들은 세척장에 마련된 '간이 다회용 컵 수거기'를 직접 작동해 볼 수 있었다. 아쉽게도 큐알(QR) 코드가 새겨져 있는 다회용 컵만 인식할 수 있어서 우리가 미리 포장해서 가져간 다회용 컵을 반납하지는 못했다. 그래도 다회용 컵의 보증금 1,000원을 다양한 방식(현금, 스타벅스 포인트, 간편결제 포인트 등)으로 환급받을 수 있다는 새로운 사실을 알았다.

이 간이 수거기는 좁은 공간에도 설치할 수 있도록 규모가 작고, 비용을 낮추기 위해 기능도 단순화되어 있었다. 다만 통이 작아서 자주 비워 줘야 하는 번거로움이 있을 듯했다. '이런 통이 있으면 꼭 쓰레기를 버리는 사람이 있는데……'란 생각이 스치자마자, 역시나 그런 경우가 꽤 많은지 "쓰레기 No!! 다회용 컵 회수함입니다."라는 안내 문구가 눈에 띄었다.

#빨간 꽃, 노란 꽃, 꽃밭 가득 피어도 세척장은 잘 돌아가네

수거기 체험이 끝난 후에는 대표님의 열정적인 안내를 들으면서 입고 장소부터 1차 세척장까지 차근히 살펴보았다. 수거기(반납기)에 모인 컵들은 차곡차곡 쌓여서 파란 플라스틱 상자에 담겨 입고된다. 입고된 컵들을 물에 불리기 위해 낱개로 떼어 내는 작업은 직원분이 직접 하고 계셨다. 빠른 손놀림으로 착착착, 겹친 컵을 1차 세척 통에 빼서 빠르게 넣는 모습이 능숙해서 자꾸 시선을 빼앗기게 되었다. 머릿속에 "빨간 꽃, 노란 꽃, 꽃밭 가득 피어도 (……) 미싱은 잘도 도네, 돌아가네" 노동가요가 절로 떠오르는 공장의 모

왼쪽 위부터 시계방향으로 ① 1차 세척으로 특수 세제 물에 불려진 다회용 컵 ② 사람이 직접 컵을 2차 세척하는 과정 ③ 3차 기계 정밀 세척과 건조 ④ 고성능 카메라로 최종 검수

습이었다.

대표님의 고심 끝에 적정한 비율로 완성된 세제 물에 불린 컵들은 컨베이어 벨트를 타고 2차 세척 단계로 넘어간다. 2차 세척, 즉 솔 세척은 컵을 두 개씩 손으로 집어서 원형 세척기에 넣고 누르면, 컵 안팎을 자동 솔이 닦아 내는 과정이다. 어떤 식으로 세척 솔을 돌려야 잘 닦이는지, 어느 정도 힘으로 눌러야 컵이 튀어 오르지 않으면서 작업자의 피로도를 줄일 수 있는지 많은 고민을 거쳐 제작된 기계라고 한다. 그렇게 수동 솔 세척이 끝난 다회용 컵들은 세척용 상자에 나란히 줄지어 담겨서 다음으로 넘어간다.

3차 세척부터는 모두 자동화되어 있다. 세척하고, 물기를 털고, 건조하는 과정까지 컨베이어 벨트를 타고 이어진다. 마지막은 검수 단계다. AI 검수기가 고성능 카메라로 세척이 끝난 컵을 찍으면서 작은 흠집이나 오염이 있는지를 눈에 보이지 않는 부분까지 모두 검수해야 다회용 컵의 세척 과정이 끝난다. 세척이 불량한 다회용 컵은 빼고, 모든 세척 과정을 마친 다회용 컵이 열 개씩 포장된다. 뜨거운 열기 속에서 바쁘게 돌아가는 세척장의 면면을 직접 눈으로 보았으니 다회용 컵을 안심하고 사용할 수 있게 됐다.

#다회용 컵을 진짜 '多회용'으로 쓰려면

◆ 다회용 컵의 수명을 단축하는 습관
: 립스틱, 오렌지 유의 색소, 깨무는 습관, 해변의 모래

입에 직접 닿는 것이기 때문에 다회용 컵의 위생 문제는 가장 중요한 부분이다. 깨끗하게 닦였다는 것을 알려 주기 위해서 반투명하게 컵을 제작하다 보니, 립스틱이나 오렌지 유의 색소로 착색된 컵은 아무리 세척을 꼼꼼히 해도 세척이 덜 된 것처럼 보인다. 그래서 아예 오렌지색의 컵도 유통하지만, 소비자의 선호에 따라 음료의 내용물이 보이는 투명 컵을 완전히 대체할 수는 없다.

다음으로 다회용 컵의 수명을 줄이는 것은 컵 자체에 남는 스크래치(작은 상처)다. 긁힌 자국이 있는 컵은 검수 과정

에서 전부 걸러지는데, 세척 도중 생기는 것보다는 컵 끄트머리를 깨무는 습관, 해변의 모래로 인한 스크래치가 많단다. 컵, 깨물지 말자.

◆ 일회용 컵보다 다회용 컵 세척 비용이 더 저렴해질 수 있도록!

현재 다회용 컵 세척 비용은 하나당 100원 수준이지만 실제 세척 원가는 250원 정도다. 그중 가장 많은 부분을 차지하는 인건비(40%)를 줄이기 위해 세척 과정의 자동화를 추진하고 있다. 광주의 이 세척장에는 열 명의 직원이 근무하며 하루 2만 개 정도의 컵을 처리한다. 인력 배치가 가장 많이 되어 있는 검수 부분이 자동화되면, 세척으로 인력 재배치가 가능해져 같은 세척장에서 하루 3만~4만 개까지 처리량을 늘릴 수 있다고 한다.

세척장 운영에는 인건비 다음으로 '임대료 〉 전기 〉 물' 순으로 비용이 많이 들어간다. 예상과 달리 전기와 수도 요금 부분은 그렇게 큰 부담은 아니라고 한다. 다만 물 사용량을 줄이기 위해 오염이 심하지 않은 물은 다시 사용하도록 세척 과정이 설계되어 있다.

지금으로서는 다회용 컵을 세척해 재사용하는 것은 지나치게 저렴한 일회용 컵을 사용하는 것에 비해 경제성이 떨어진다. 하지만 일회용 컵의 가격이 적정 수준으로 올라가고, 세척 과정 자동화와 세척장 확대로 세척 비용이 줄어든다면 경제성을 확보할 수 있다.

◆ **다회용 컵 세척장을 지으려면 필요한 건?**

법적으로 세척장의 입지가 제한되어 있지는 않다. 제한이 없다고 좋은 것만은 아니다. 아예 인허가 관련 규정이 없어 여러 부서를 몇 번씩 돌아다니며 복잡한 과정을 거쳐야 하기 때문이다. 공장의 형태, 입고 출고를 위한 차량을 배차할 수 있을 만한 주차장, 전기와 수도 사용 등 고려할 사항도 엄청 많다. 우리가 방문한 세척장은 최대 4만~5만 개를 처리할 수 있는 큰 규모의 세척장인데, 이보다는 하루 1만 개를 처리하는 작은 세척장이 곳곳에 설치되는 게 더 효율적이다.

◆ **전망: 다회용 컵 세척 시장은 아직 일회용 컵의 1%뿐**

연간 86억 개의 일회용 컵이 사용되는 반면 세척되는 다회용 컵 규모는 1000만 개 수준이다. 아직 1% 정도 규모지만, 친환경 소비에 대한 인식이 높아지고 다회용 컵의 필요성을 소비자들이 느끼게 되면서 세척 시장은 확대될 것이다. 카페에서도 일회용 컵보다 다회용 컵을 쓰는 것이 비용적으로 부담이 적거나 같다. 또한 업무 부담이 추가되지 않도록 다회용 컵 회수, 세척, 유통(납품)을 모두 세척장(세척

업체)이 담당하고 있다. 지역과 연계하여 거점이 더 생기고, 전국에 500곳 정도로 세척장이 확대되면 더욱 시장성이 높아질 수 있다.

#일회용 컵 보증금 제도, 다시 자율로

'일회용 컵 보증금제'는 음료를 일회용 컵으로 구매할 때 자원 순환 보증금 300원을 내고, 컵을 반납하면 이를 돌려받는 제도다. 예정된 적용 대상 매장은 100개 이상의 가맹점을 가진 프랜차이즈 카페, 빵집, 패스트푸드점 등 3만 8000여 개 매장이다. 그런데 환경부는 일회용 컵 보증금제의 의무화를 두 차례나 연기하더니, 돌연 지자체의 자율에 맡기기로 결정했다.[49]

지금도 많은 매장에서는 다회용 컵을 대여하거나 개인 컵을 사용하면 할인을 해 주고 있지만, 편리하고 익숙한 일회용 컵 사용을 줄이는 데 큰 효과를 보진 못했다. 게다가 일회용 컵은 재활용률도 매우 낮다. 고품질 재생 원료로 재활용되는 투명 페트병과 달리 일회용 플라스틱 컵은 소재의 질이 낮고, 남은 음료 등 이물질로 오염되어 있기 때문이다. 더욱이 이물질이 묻은 채 버려진 컵은 주변의 다른 컵들도 오염시켜 재활용률을 다시 낮춘다.

정부는 2021년부터 이미 약 240억 원을 들인 일회용 컵 보증금제를 '국민적 수용성이 낮다.'는 이유를 들며 사실상 백지화했다. 길거리 곳곳에 버려지는 일회용 컵의 재활용 비율을 높이고, 다회용 컵을 세척해서 재사용하는 문화를 정착시키려는 정책이 제대로 첫발을 내딛지도 못하고 뒷걸음질 치는 듯하다.

지속가능한 공공
조달 장려하기
12-7

지속가능발전을 위한
정책의 일관성을
강화하기
17-14

자원 순환 정책은 일회용이 아니잖아요

#무한 성장이라는 '환상'을 대표하는 일회용품

인류 최초의 일회용 컵은 현대인의 발명품이 아니라 기원전 1500년 전 미노스 사람들의 토기 컵이다. 물론 미노스에서 발견된 일회용 토기 컵은 수천 개 수준이고, 현대인이 쓰는 일회용 종이컵은 한 해에 무려 3000억 개에 달한다.[50] 우리는 가늠도 되지 않는 양의 물건들을 한 번만 쓰고 버리는 일을 거뜬히 해내고 있다. 어쩌면 인류의 사치 습관은 아주 오래된 것일지도 모르겠지만, 자연적으로 분해되지도 않는 일회용품으로 지구에 아주 강력한 영향을 미치는 현대인의 낭비를 고대인과 비교할 수는 없는 노릇이다.

지금의 일회용품은 공산품의 대량 생산·소비 체제 속에서 편의성을 극대화하기 위해 탄생했다.[51] 짧은 수명과 저렴한 단가로 끊임없이 제품을 만들어 낼 수 있어, 생산자들에게 완벽한 발견이었다. 소비자 입장에서도 한 번만 쓰고 버려도 죄책감 없이 새로 구매할 수 있으며, 내구성을 고민할 필요도 없는 '꿈의 제품'이었다.

그러나 무한 성장의 꿈을 지탱하던 일회용품은 이제 지구의 골칫거리로 전락했다. 최초의 일회용 제품이 등장했을 때, 과연 누가 이런 상황을 예측이나 했을까? 편리함을 추구하고자 만든 제품들로 인해 온 지구가 쓰레기로 뒤덮일 줄은 아무도 상상하지 못했을 것이다.

#세계는 선형 경제에서 '순환 경제'로

하지만 이제는 모두가 대량 생산·소비·폐기의 선형 경제 구조가 지속 불가능하다는 것을 인지하기 시작했다. 이에 따라 많은 국가가 자원 순환 사회, 즉 순환 경제로 전환을 모색하고 있다.

특히 유럽연합은 2015년 "순환 경제 패키지"라는 행동 계획을 통해 구체적인 순환 경제 정책을 추진했다. 폐기물 재활용에만 초점을 맞추던 기존의 접근 방식에서 벗어나, 제품의 설계 단계부터 생산 공정까지 전 주기를 아우르는 포괄적인 정책이다. '2020년까지 해변에서 주로 발견되는 열 개 품목의 30% 감축', '2030년까지 도시 폐기물 70% 재활용' 등 구체적인 목표를 설정하여 단계적으로 순환 경제로의 전환을 추진하고 있다.[52]

그리고 2022년 12월, 세계은행(WB)은 유럽연합 회원국의 순환 경제 정책을 종합적으로 분석한 보고서에서 그 정책들이 가시적인 성과를 거두고 있다고 평가했다. 유럽의 자원 총사용량이 이십여 년간 9.4% 감소했고, 재활용 자원의 사용률은 약 50% 증가한 것이다. 비록 여전히 순환 경

	선형 경제 (Linear Economy)	순환 경제 (Circular Economy)
자원 사용	자원을 한 번 사용하고 폐기하는 방식	자원을 재사용, 재활용하여 자원의 순환을 촉진 (업사이클링)
제품 설계	재사용이나 재활용을 고려하지 않음	처음부터 기술적·생물학적 주기를 고려해 제품을 디자인. 사용 후 동일 품질로 회귀 가능
폐기물 관리	생산과 소비 후 발생한 폐기물 처리에 중점	폐기물 발생을 최소화하고, 제품을 재활용하거나 재제조
생산 방식	대량 생산과 대량 소비 중심의 모델	지속가능한 생산 방식으로, 자원의 효율적 사용을 강조
환경 영향	자원 고갈과 환경 오염을 초래하며, 지속가능성에 부정적 영향	자원 순환과 환경 보호를 통해 지속가능한 발전에 기여
경제적 모델	단기 이익 추구에 초점을 맞춤	장기적인 가치 창출과 경제적 지속가능성을 목표로 함
소비자 역할	단순 소비자 역할에 한정	자원 순환의 주체로서 참여하고 책임을 가짐

제의 초기 단계지만, 만약 자원 순환 정책조차 없었더라면 폐기물 발생량은 늘었을 것으로 전망했다.[53]

#우리나라는 자원 순환 정책도 일회용?

세계적 흐름에 발맞춰 우리나라도 2022년 6월부터 개정된 「자원재활용법」을 시행하고 있다. 이 법을 토대로 우리나라 정부는 '일회용 컵 보증금제'를 국정과제로 선정하고 재도입을 추진했다. 이 제도는 사실 우리나라에서 2003년부터 2008년까지 이미 시행된 적이 있었다. 당시에는 일회용 컵 한 개에 50원의 보증금을 부과했고, 컵을 모아 가게에 반납하면 현금으로 돌려받을 수 있었다. 소주병 빈 용기 보증금 100원을 반환받는 것과 같은 제도였다. 일회용 컵이 현금으로 바꿀 수 있는 자원이 되면서 길거리에 버려지는 컵의 수가 드물어졌다.

그런데 2008년, 보증금을 관리할 주체가 없고 참여도가 낮다는 이유로 일회용 컵 보증금제가 폐지되었다. 제도가 사라지자 어떻게 되었을까? 폐지 직후인 2009년에는 37%에 이르던 회수율이 2018년도에는 무려 5%로 낮아졌다. 확연한 차이가 발생하자 정부는 2022년 12월 일회용 컵 보증금제를 다시 도입하고 2025년까지 전국에서 의무화하기로 발표했다.[54]

240억 원의 예산을 들인 정책이 드디어 정착하나 싶었는데 무슨 바람이 분 걸까? 환경부는 의무화를 앞둔 시점 갑작스레 일회용 컵 보증금제를 지자체의 자율에 맡기고는 손을 뗐다. 그러더니 '일회용품 사용 규제'도 완화하겠다며 일회용 컵과 플라스틱 빨대의 매장 사용 금지를 철회하고, 비닐봉지의 사용 단속도 중단키로 선언했다.[55]

많은 돈을 들여 추진할 만큼 큰 의지를 보였던 자원 순환 정책의 일관성은 어디로 간 것일까? 그간 친환경 제품의 사용을 확대하고, 일회용 컵 회수율을 높였던 효과는 근거가 되지 못했던 것일까? 이 정책이 사실상 폐기되자 2008년과 같은 일이 반복되고 있다. 카페 매장의 일회용 컵 사용량이 순식간에 늘어난 것이다. 친환경 정책이 우리 사회에 자리 잡도록 투입된 막대한 비용과 긴 시간 벌인 캠페인이 무색해졌다. 단기적 편의나 경제적 이익을 위해 환경 정책을 뒤집는 것은 결국 더 큰 사회적, 환경적 비용을 들게 할 뿐이다.

12 책임감 있는
소비와 생산

폐기물 발생을
대폭 감축하기
12-5

쓰레기봉투 가격의 비밀

#버릴수록 많이 내는 쓰레기 종량제

우리에게 익숙한 지금의 쓰레기 종량제는 언제부터 시행된 것일까? 종량제 이전에는 '재산세 및 건물 면적'을 기준으로 쓰레기 수거료를 부과하는 '쓰레기 수거료 정액제'가 있었다. 큰 집에 사는 사람은 더 많은 돈을 내고 좁은 집에 사는 사람은 적은 비용을 부담하는 제도였다. 쓰레기 배출량과 상관없이 고정된 금액을 지불하는 방식이었기 때문에, 쓰레기를 줄이거나 재활용하려는 경제적 동기가 없었다. 당시 쓰레기 처리비에 대한 주민 부담률은 12%에 불과했으며 주된 처리 방법은 매립이었다. 1994년 환경부 자료「전국 폐기물 발생 및 처리현황」에 따르면, 하루 58,118톤의 폐기물이 발생했고 그중 81.2%가 매립되고 15.4%만 재활용되었다.

그러나 좁은 국토에서 쓰레기의 양은 점차 늘어났고 매립지는 부족해졌다. 급격한 경제 성장과 비례하여 쓰레기가 증가하자 정부 보고서에는 "쓰레기가 쳐들어온다."라는 표현이 등장할 정도였다.[56] "우리의 금수강산이 언제 쓰레기 강산으로 변할지 모르는 지경"[57]이라는 위기감이 고조되면서 쓰레기를 줄이는 획기적인 방법이 필요했다.

이러한 배경에서 등장한 것이 바로 '쓰레기 종량제'다. 전국적으로 실시하기에 앞서 33개 시군구에서 시범 운영되었는데, 적극적인 주민 참여로 쓰레기 38% 감량과 재활용품 배출 90% 증가라는 성과를 거두었다. 시범 운영의 성공을 바탕으로 당시 정부는 '물건을 살 때 돈이 들듯이 버릴 때도 돈이 든다.'는 인식을 쓰레기 문제의 근본적인 해법으로 봤다. 이에 환경 보전과 근검절약 정신을 강조하며 쓰레기 종량제를 홍보했다.[58]

초기에 쓰레기 종량제는 1인당 기준 배출량을 정해 가족 수에 따라 봉투를 지급하고, 초과 배출하면 추가 봉투를 사용하도록 하는 방식을 택했다. 당시 전국 평균 1인당 쓰레기 배출량은 월 77L였지만, 기본 봉투는 1인당 60L로 책정되었다. 예를 들어 제주도의 경우 10L 기본 봉투는 90원, 추가 봉투는 170원으로 책정해 쓰레기 감량을 유도했다.

490원, 960원, 600원, 140원. 그냥 봐선 감도 안 올 만큼 제각각인 이 숫자들은 무엇일까? 놀랍게도 모두 쓰레기 종량제 20L 봉투의 가격이다. 내가 사는 수원시는 600원이고 서울특별시는 490원이다. 전국에서 가장 비싼 곳은 경상남도 김해시로 960원, 가장 저렴한 곳은 경상북도 청송군으로 140원이다.

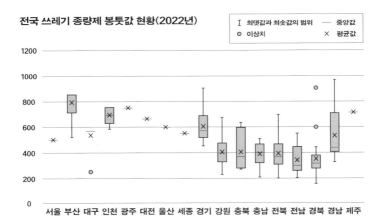

전국 쓰레기 종량제 봉툿값 현황(2022년)

위 '상자 그림'은 지역별 쓰레기봉툿값의 분포를 보여 준다. 빨간 가로선은 중앙값, ×는 평균값을 나타낸다. 서울시처럼 모든 자치구의 봉툿값이 동일(490원)할 경우 상자 없이 ×와 가로선이 겹쳐 표시된다. 경기도는 과천시(440원)부터 군포시(900원)까지 큰 편차를 보이며, 중앙값 560원, 평균은 595원이다. 노란 점은 다른 값들과 동떨어진 '이상치'를 나타내는 것으로, 대구광역시 군위군(240원)이 이에 해당한다.

이와 같이 전국적으로 종량제 봉투 가격은 지역별로 다르다. 특별시, 광역시는 비교적 가격이 비슷하거나 단일하지만, 도 단위는 지역별로 편차가 크다. 크기도 재질도 같은 쓰레기 종량제 봉투 가격이 대체 왜 지역별로 차이가 나는 걸까? 지역마다 쓰레기 처리 비용, 배출량, 인구 밀도가 달라서 그런 걸까? 소각장이 있는 지역과 소각장이 없는 지역에 따라 차이가 있는 걸까? 1995년부터 현재까지 거의 30년을 시행한 쓰레기 종량제의 봉투 가격은 어떤 이유로 변화해 왔을까?

꼬리에 꼬리를 무는 질문이 계속 이어지면서 30년간의 자료를 찾아보기 시작했다. 쓰레기 종량제 봉투 가격은 시행 초기부터 지역마다 차이가 있었다. 1995년 관악구는 210원, 송파구는 270원, 강남구는 300원이었다.(20L 기준) 당시 가격을 결정하는 데는 여러 요소가 고려됐지만, 특히 '재정 자립도'가 높은 지역에는 높은 가격, 낮은 지역에는 낮은 가격으로 봉툿값이 정해졌다.[59]

처음부터 서울시 자치구별 쓰레기봉툿값의 차이가 컸던 것은 아니다. 그러다가 1996년 김포 쓰레기 매립지 쓰레기 반입료가 인상되자, 인상치를 반영한 자치구(도봉구, 동대문구)와 그렇지 않은 자치구(강남구, 서초구)의 격차가 점점 벌어졌다. 1999년, 도봉구는 제일 비싼 20L 봉투를 써야 했던 반면, 강남구와 서초구는 종량제 도입 당시보다 오히려 낮은 가격으로 봉투를 사용할 수 있었다.[60]

#쓰레기 종량제 봉투 가격, 어떻게 결정될까?

쓰레기 종량제 봉투 가격은 지역의 쓰레기를 처리하는 수수료로, 「폐기물관리법」에 따라 각 지역의 단체장이 봉투를 판매해서 징수할 수 있다.[61] 단체장은 생활폐기물 처리 비용을 고려하여 '폐기물 종량제 수수료(쓰레기 종량제 봉투 가격)'를 결정할 수 있다.

쓰레기 배출자 부담 원칙(Polluter Pays Principle)에 따라, 환경부의 「쓰레기 수수료 종량제 시행지침(2022)」에서는 쓰레기를 모으고, 옮기고, 소각하거나 매립 처리하는 비용은 배출자에게 부과하는 것을 원칙으로 하고 있다. 이 지침에 따르면 아래와 같이 단위당 폐기물 처리 비용과 주민 부담률, 판매 수수료로 봉투 판매가격이 정해진다. 봉투의 용량이나 제작비는 크게 차이가 없을 테니, 여기서 주목할 점은 '주민 부담률'이다. 전체 쓰레기 처리 비용 중 주민이 부담하는 비율을 말하는데, 지역별로 큰 차이를 보인다.

종량제 봉투 판매 가격 산출식

(L당 처리 비용 × 봉투 용량(L) + 봉투 제작비) × 주민 부담률(목표치)
+ 판매 수수료 = 종량제 봉투 판매 가격

(출처: 환경부, 2022)

2022년 기준, 전체 쓰레기 처리 비용 중 주민 부담률은 28%다. 폐기물 배출 원인자인 주민이 28%를 부담하고 나머지 72%를 세금으로 충당하는 구조다. 전국 쓰레기 수집·운반·처리에는 무려 3조 7000억 원이 들었지만, 종량제의 판매 수입은 약 1조 원에 불과했다. 또한 주민 부담률이 가장 낮은 지역은 전라남도로 12.8%인 반면, 가장 높은 지역은 울산광역시로 64.7%에 달한다. 이러한 격차는 지역별 재정 상황, 쓰레기 처리 시설의 유무, 인구 밀도 등 다양한 요인에 기인한다.

예를 들어, 내가 사는 수원시의 2022년 쓰레기 처리 총 비용은 533억 원이었다. 이 중 수집하고 운반하는 데 274억 원, 소각장에서 처리하는 데 223억 원이 들었다. 종량제 봉투를 판매하여 얻은 수입이 203억 원이니 주민 부담률이 38.1%다. 전국 평균보다는 좀 높은 수준의 부담률이지만 533억 원 중 330억 원은 세금으로 부담하는 셈이다.

특히 농어촌 지역은 도시 지역보다 쓰레기 종량제로 인한 지방정부의 재정 적자가 심각하다. 봉투 수입만으로는 쓰레기 처리 비용을 충당하기 힘든데, 도시 지역보다 주민 부담률이 낮기 때문이다. 세금만의 문제가 아니라, 쓰레기 종량제가 현실적으로 운영되지 않으니 쓰레기 처리가 한계점에 다다르고 있다. 제주도는 쓰레기양이 크게 늘어 포화 상태

의 세 개 매립장에서는 초과 매립까지 발생하고 있다.[62]

본래 쓰레기 종량제의 목적은 쓰레기를 배출한 사람이 100% 책임을 지도록 하는 것이다. 하지만 주민 부담률이 제각각이고, 그것을 결정하는 과정 또한 지역마다 다르다. 명확한 근거 없이 임의로 결정되는 주민 부담률, 더불어 그에 따라 변하는 쓰레기봉툿값은 해결해야 할 문제점 중 하나다. 인천연구소는 종량제 봉투 가격이 10% 오르면 쓰레기 배출량이 2.08~2.61%가량 감소한다는 연구를 발표했다.[63] 사람들이 쓰레기를 덜 배출하게 하려면 쓰레기 종량제 봉투 가격의 현실화가 필요함을 나타낸다.

맺음말

#우리가 바로 지구다

"대중교통을 타세요. 텀블러를 갖고 다니세요. 더울 땐 창문을 여세요. 박스는 접고, 라벨은 떼고……. 계속되는 지구의 잔소리에 한숨만 쉬는 당신을 위해 ○○이 나섰습니다!"[1] 한 기업 광고의 내레이션이다. 언제부터 지구를 위한 개인의 실천이 '지구의 잔소리'가 되었을까? 지구와 사람을 분리하고, 지구의 문제를 기업의 기술로 해결할 수 있다는 생각이 담긴 이 광고는 그동안의 잘못된 인식을 여실히 보여 준다.

반면 지속가능발전이라는 개념은 인류와 지구의 관계 맺는 방식을 다르게 본다. 인류의 모든 활동이 유한하고 닫혀 있는 지구 생태계 속에서 이루어짐을 인식하고,[2] 생태계를 망가뜨리거나 고갈시키지 않으면서 살아갈 방법을 안내한다. 이 책에서 소개한 지속가능한 환경·사회·경제를 위한 다양한 실천의 바탕에는 나를 지구 생태계로 보는 관점이 담겨 있다. 결국 지속가능한 미래를 위한 활동은 나 자신을 위하는 일이기도 하다.

지속가능발전목표는 모든 사람이 풍요롭게 살 수 있는 미래를 만들려고 노력하지만, 그렇다고 해서 완벽한 해결책이나 만병통치약은 아니다. 인간 중심적이라는 비판을 피할 수 없으며, 이 세상 모든 문제를 다루고 있지도 못하다.

역사적으로 보면, 선진국들은 먼저 경제 성장과 사회 개혁을 이루고 나서야 환경에 관심을 기울였다. 이러한 '선 성장 후 환경' 방식은 현재의 심각한 위기를 초래했다. 기후위기에 가장 큰 책임이 있는 선진국들이 개발도상국에게 지속가능발전을 강요하는 것은 정의롭지 못하다는 비판도 인다.

그러므로 모두를 위한 지구를 위해서는 선진국들의 책임이 우선시 되어야 한다. 결국 세계의 성공적 전환 여부는 우리나라 같은 선진국들의 지속가능성 달성 여부에 달려 있기 때문이다. 지속가능발전에는 한계가 있지만, 전 세계가 만장일치로 합의한 첫 번째 공통 목표를 달성하기 위해 노력해야 함은 확실하다.

지속가능한 세계로의 거대한 전환은 '저절로' 만들어지지 않는다. 지금 우리는 기후위기와 심각한 불평등, 양극화된 빈곤 문제, 에너지와 식량 부족으로 인한 국제적 갈등과 복합적인 위기에 직면해 있다. 암울한 전망이 계속되지만, 아직 절망은 이르다. 괜찮은 내일을 위해 우리가 해야 할 일들이 잔뜩 남아 있으니 말이다.

무한한 경제 성장의 허상을 좇고, 소외되는 이웃을 외면하며, 먼 미래에 무관심했던 우리에게 달라질 기회가 찾아왔다. 지구의 생태적 한계를 지키면서 사회적으로 안전한 기반 위에서 지속가능하게 살아갈 수 있는 방향이 명확해진 지금, 변화의 키가 나에게 있다는 것은 꽤 희망적이고 기대되는 일이지 않은가!

거대한 전환이라고 해서 아주 거창할 필요는 없다. 관성을 벗어나 일상의 행동을 달리 해 보는 것, 작은 변화가 큰 전환을 이끈다.

지속가능한 세상을 위한 행동은 이런 마음가짐에서 시작된다. 어제보다 아주 조금 다른 오늘의 내가 내일을 만든다는 믿음으로, 세상을 바꾸지는 못해도 나는 바꿀 수 있다는 의지로, 오늘 나는 조금이나마 '다르게' 살아 보려 한다.

"SDGs 더 나은 세상 YES! 우리가 함께 만들어 가요.

SDGs 지구를 지켜 YES! 우리가 함께 실천해 봐요."*

지속가능발전목표 확산 캠페인의 일환으로 만들어진 이 활기찬 노래를 흥얼거리며 책의 마지막 글을 작성하는 지금, 왠지 희망이 솟는다. 목표로 한 2030년까지 이제 5년밖에 남지 않았지만, 많은 이가 지속가능발전에 관심을 갖기 시작했고, 기후위기 해결을 위한 대안을 모색하는 이들이 늘었기 때문이다.

더 나은 세상을 만드는 법이 쉽지 않은 것처럼 그 실천기를 담기도 쉽지 않았다. 그럼에도 포기하지 않고 책의 맺음말을 쓸 수 있어 감개무량하다. 특히 이 책을 출판하기 위해 3년이라는 시간 동안 고민하고, 논의하고, 작성하고, 수정하는 과정을 믿고 기다려 준 출판사 편집자님께 감사 인사를 남기고 싶다. 우리가 함께 만든 이 책이 독자의 실천으로 이어지기를 기대하면서!

---

* 「SDG YES!」의 후렴구 일부. 이 노래는 원주지속가능발전협의회에서 제작을 의뢰하고 음악가 둔둔이 작곡과 작사를 맡았다.

출처

1) UN, "The Lazy Person's Guide to Saving the World", https://www.un.org/sustainabledevelopment/takeaction/, UN, (2024년 6월 10일 검색).

2) 「170 Daily actions to transform our world (English)」, Perception Change Project(PCP), https://issuu.com/perceptionchange/docs/170actions-web__en_, 2019년 5월 20일.

PART 1. 기후위기는 나의 위기

1) 베베(베리베지), "내가 먹는 음식 속에서 탄소 발자국이 느껴진 거야", <그린피스>, 2020년 12월 23일, https://www.greenpeace.org/korea/update/16149/blog-ce-carbon-water-footprint-veryvezy/

2) 김민정, "식품 운송할 때 탄소 배출, 세계 탄소배출량의 6% 차지", <ESG경제>, 2022년 7월 6일, http://www.esgeconomy.com/news/articleView.html?idxno=2327

3) 폴 호컨, 『플랜 드로다운』, 이현수 역, (파주: 글항아리사이언스, 2019), 144쪽.

4) 상드린 딕슨-드클레브 외 5명, 『모두를 위한 지구』, 추선영·김미정 역, (서울: 착한책가게, 2023).

5) 플로리안 데이비드 핏츠, 「100일 동안 100가지로 100퍼센트 행복찾기」, 2018.

6) KBS, 「환경스페셜-옷을 위한 지구는 없다」, <KBS>, 2021년 7월 1일.

7) 국립수목원, 『지의류 생태도감』, (서울: 지오북, 2015).

8) 장미진, "멸종위기종을 보호해야 하는 이유", <파인드비>, 2024년 4월 1일, https://www.findb.co.kr/news/articleView.html?idxno=1285

9) 이혜미, "'멸종위기종'이자 '유해야생동물'인 고라니에게 물었다… "너의 이름은"", <한국일보>, 2023년 7월 28일, https://m.hankookilbo.com/News/Read/A2023072614280000465

10) 소일, 『제로 웨이스트는 처음인데요』, (서울: 판미동, 2021), 17쪽.

11) 안치용, 김유승, 장가연, 이윤진, "북태평양에는 대한민국 영토 16배 넓이의 보이지 않는 섬나라가 있다", <르몽드디플로마티크>, 2022년 7월 2일, https://www.ilemonde.com/news/articleView.html?idxno=15868#_ftn4

12) 위의 기사

13) 이윤정, "해양쓰레기 발생과 처리 현황", 「국제 심포지엄: 유기물 재자원화 기술혁신과 자원순환사회로의 이행」, 2023년 2월 24일. 28쪽.

14) 이승우, "[단독]강남 수해지역 빗물받이 20곳중 11곳에 담배꽁초 가득", <동아일보>, 2023년 6월 10일, https://www.donga.com/news/Society/article/all/20230609/119698599/1

15) 박상현, "한국서 버려지는 꽁초 年 320억개… 유럽, 담배 제조사에 수거 책임 물어", <조선일보>, 2023년 8월 17일, https://www.chosun.com/national/transport-environment/2023/08/17/FD3ZVZPX3RCTZHM5FCHZ3UPCQU/

16) 최나실, "무단투기 담배꽁초 하루 1246만6968개비, 내 몸에 되돌아온다", <한국일보>, 2023년 9월 27일, https://www.hankookilbo.com/News/Read/A2023092411090000857?did=NA

17) "정수처리과정", https://www.kwater.or.kr/news/onmuseum/tech01Page.do?s_mid=2107, 한국수자원공사, (2024년 7월 8일 검색).

18) 서유근, "최악 가뭄 우루과이에선 '짠맛 수돗물'… 생수값 5배 치솟아", <조선일보>, 2023년 8월 7일, https://www.chosun.com/international/international_general/2023/08/07/

ZQWQEXFI2NBQTK74KJWRI5JIZ4/

19) 환경부, 「2021 수돗물 먹는 실태조사 결과보고서」, 2021년 10월.

20) 김은경, "[환경탐구생활] ⑩ 수돗물, 그냥 마셔도 된다…탄소배출도 줄어", <연합뉴스>, 2022년 3월 23일, https://www.yna.co.kr/view/AKR20220322162800530

21) 백종구, "한국수자원공사·세종시, 수돗물 가치 확산 공동 캠페인 전개", <세계환경신문>, 2022년 10월 9일, http://www.e-newsp.com/mobile/article.html?no=48145

22) "염소냄새 없는 아리수 만들기", https://news.seoul.go.kr/env/archives/31591, 서울특별시, 2013년 10월 4일.

23) 박성규, "무심코 버린 가루약…'상상못할 끔찍한 일 벌어진다'[지구용]", <서울경제>, 2023년 1월 23일, https://www.sedaily.com/NewsView/29KL64DVJT

24) 이재영, "폐의약품 우체통에 버려도 되는 지자체 최대 43곳으로 는다", <연합뉴스>, 2024년 3월 17일, https://www.yna.co.kr/view/AKR20240315114100530

25) 기민도, "남은 탄소예산 5천억톤뿐… 이대로면 10년 안에 동난다", <한겨레>, 2023년 3월 20일, https://www.hani.co.kr/arti/society/environment/1084418.html

26) WMO, 「WMO Global Annual to Decadal Climate Update 2024-2028」, 2024년.

27) 환경부 온실가스종합정보센터, 「2022 국가 온실가스 인벤토리 보고서」, 2023년 3월 13일.

28) 김규남·기민도·남종영, "기후위기 책임 가장 큰 나라는? 미국-중국 '네 탓', 한국 18위", <한겨레>, 2022년 11월 6일, https://www.hani.co.kr/arti/society/environment/1065998.html

29) 영국 사업·에너지·산업전략부(BEIS), 환경식품농무부(Defra), "온실가스 보고, 변환 계수 2019(Greenhouse gas reporting: conversion factors 2019)", https://www.gov.uk/government/publications/greenhouse-gas-reporting-conversion-factors-2019, 영국 정부, 2019년 6월 4일.

30) 이지윤, "佛, 기차로 150분내 거리는 항공편 없앤다…탄소배출 감축", <동아일보>, 2023년 5월 24일, https://www.donga.com/news/Inter/article/all/20230524/119457989/1

31) 스베틀라나 알렉시예비치, 「체르노빌의 목소리」, 김은혜 역, (서울: 새잎, 2011), 264쪽.

32) 위의 책

33) 남종영, "당시 군인들이 생체로봇…삽으로 방사능 오염물질 퍼내", <한겨레>, 2011년 4월 25일, https://www.hani.co.kr/arti/society/environment/474774.html

34) 이아라 리, 「체르노빌: 지옥의 묵시록」, 2020.

35) 이영경·이헌석·에너지정의행동, 『요점정리 탈핵』, (서울: 에너지교육센터, 2023), 16쪽.

36) 위의 책, 4-5쪽.

37) 위의 책, 19쪽.

38) 박원기, "원전의 그늘…갈 길 먼 '고준위 방폐장'", <KBS 뉴스>, 2023년 11월 25일, https://news.kbs.co.kr/news/pc/view/view.do?ncd=7826625

39) 서혜림, "작년 시리아 내전으로 4천300여 명 사망…2022년보다 500여 명↑", <연합뉴스>, 2024년 1월 1일, https://www.yna.co.kr/view/AKR20240101029900009?input=1195m

40) KBS, 「시사기획 창-나의 난민, 너의 난민」, <KBS>, 2023년 6월 20일.

41) 조일준, "사람답게 살려고 왔지만 난민 인정률 2%…차갑게 밀쳐낸다", <한겨레>, 2023년 7월 1일, https://www.hani.co.kr/arti/society/rights/1098287.html

42) 조일준, "기후변화가 시리아 내전 촉발", <한겨레>, 2019년 10월 19일, https://www.hani.co.kr/arti/international/arabafrica/680633.html#ace04ou

43) 임은정, "[EE칼럼]전쟁과 기후위기", <에너지경제신문>, 2023년 10월 21일, https://m.ekn.kr/view.php?key=20231021010005322

44) 위의 기사

PART 2. 함께 세상을 보는 법

1) "공공도서관–주요통계", https://www.libsta.go.kr/main, 국가도서관통계시스템, (2024년 7월 6일 검색).

2) 노영희, 『도서관의 미래가치와 영향력』, (서울: 청람, 2021).

3) 원혜덕, "[농민칼럼] 가족농의 의미를 다시 한 번 생각하기", <한국농정신문>, 2023년 11월 26일, https://www.ikpnews.net/news/articleView.html?idxno=62179

4) 임상오, "지구와 농촌 살리는 로컬푸드", <중부일보>, 2024년 2월 2일, https://www.joongboo.com/news/articleView.html?idxno=363633955

5) 김민호, "수원시, 생태교통–생태보전 노력… '환경도시 수원'의 한 축이 되다", <에듀인뉴스>, 2020년 5월 26일, https://www.eduinnews.co.kr/news/articleView.html?idxno=29559

6) 송상석, "생태교통은 행사가 아니라 생활이다", <작은것이 아름답다>, 2015년 9월 17일, http://jaga.or.kr/?p=6670

7) 변은샘, "'부르면 온다' 수요응답형 버스, 부산·창원서 인기", <부산일보>, 2024년 3월 5일, https://www.busan.com/view/busan/view.php?code=2024030515432310732

8) "저상버스도입현황", https://stat.molit.go.kr/portal/main/portalMain.do, 국토교통 통계누리, (2024년 9월 10일 검색).

9) 행정안전부, "국내 거주 외국인주민 수 226만 명, 총인구 대비 4.4%, 최대 규모 기록", 보도자료, 2023년 11월 8일.

10) 백두산, "'2027년까지 외국인 유학생 2배 확대'… 지역소멸 위기 해소한다", <한국대학신문>, 2023년 8월 16일, https://news.unn.net/news/articleView.html?idxno=551286

11) 김현정, "'여기가 한국이야, 몽골이야'…'몽탄신도시' 겨냥하는 유통가", <매일경제>, 2023년 9월 12일, https://www.mk.co.kr/news/economy/10827925

12) 송창식, 『안산시의 상호문화도시 대응 전략: 유럽평의회 상호문화도시 지표 분석을 중심으로』, 안산환경재단, 2021, 4쪽.

13) 위의 보고서, 12쪽.

14) 기욤 피트롱, 『'좋아요'는 어떻게 지구를 파괴하는가』, 양영란 역, (서울: 갈라파고스, 2023), 20쪽.

15) 홍인택, "유아 때부터 스마트폰 접한 알파세대… '도파민 디톡스' 스스로 고민한다", <한국일보>, 2024년 2월 10일, https://www.hankookilbo.com/News/Read/A2024020617430005042

16) 마이클 모스, 『음식 중독』, 연아람 역, (서울: 민음사, 2023), 347~348쪽.

17) 김수인, "스마트폰 2시간 사용, 경차 1.4km 주행 탄소배출과 같아", <한림미디어랩The H>, 2023년 5월 10일, http://www.hallymmedialab.com/news/articleView.html?idxno=1817

18) 기욤 피트롱, 『'좋아요'는 어떻게 지구를 파괴하는가』, 양영란 역, (서울: 갈라파고스, 2023), 188~189쪽.

19) "특파원 보고 세계는 지금 프로그램 정보", https://program.kbs.co.kr/1tv/news/worldreport/pc/index.ht, <KBS>, (2024년 9월 2일 검색).

20) 일소공도, "마을학회 일소공도 소개", https://cafe.naver.com/oolocalsociety, 마을학회 일소공도, (2024년 2월 29일 검색).

21) 사토 잇사이, 『불혹의 문장들』, 노만수 역편, (서울: 알렙, 2013), 183쪽.

22) 「장애인·노인·임산부 등의 편의증진 보장에 관한 법률(약칭: 장애인등편의법)」[시행 2023. 6. 29.] [법률 제19302호, 2023. 3. 28., 일부개정] 제2조 (정의) 1호.

23) 이용석, "2022년 장애인 현황, 고령장애인 52.8%…절반 넘어", <더인디고>, 2023년 4월 19일, https://theindigo.co.kr/archives/48063

24) David Nichols, "Coloring for Colorblindness", https://davidmathlogic.com/colorblind/#%231AFF1A-%234B0092, (2024년 7월 10일 검색).

25) 김지은, "연일 확산中 중남미 '냄비 시위'…"정치가 망친 경제 살려내라"", <오피니언뉴스>, 2019년 11월 29일, https://www.opinionnews.co.kr/news/

articleView.html?idxno=26291

26) 상드린 딕손-드클레브 외 5명, 『모두를 위한 지구』, 추선영·김미정 역, (서울: 착한책가게, 2023).

27) 이창준, "코로나 2년간 분배 더 악화…숫자로 증명", <경향신문>, 2023년 2월 26일, https://m.khan.co.kr/economy/economy-general/article/202302262200025#c2b

28) 류이근, "한국 소득 불평등, OECD 2번째로 빠르다", <한겨레>, 2023년 4월 10일, https://www.hani.co.kr/arti/economy/heri_review/1087168.html

29) 김성은, "[단독]100만원 벌금 못 내 감옥 간 극빈층 1년 새 2배 늘었다", <서울신문>, 2023년 12월 25일, https://www.seoul.co.kr/news/newsView.php?id=20231225500051

30) 천호성, "66살 이상 한국노인 40% '빈곤'…또 OECD 1위", <한겨레>, 2023년 12월 19일, https://www.hani.co.kr/arti/society/rights/1120984.html

31) 박대웅, "[가난해지는 청년들]上 취업·주거난서 시작된 청년 빈곤…노후 파산 악순환으로", <오피니언뉴스>, 2023년 6월 26일, https://www.opinionnews.co.kr/news/articleView.html?idxno=85554

32) 김상욱, "[해외는 지금] 핀란드 아라비안란타 '로푸키리' 어르신들의 행복한 공동체 삶 - 멋진 유종의 미를 장식하려는 마지막 질주", <더퍼블릭뉴스>, 2015년 10월 13일, https://www.thepublicnews.co.kr/news/articleView.html?idxno=12643

33) 박혜린, "노년 주거복지 명성 핀란드 로푸키리, 한국 시니어타운의 미래를 묻다", <비즈니스포스트>, 2022년 8월 24일, https://www.businesspost.co.kr/BP?command=article_view&num=290846

34) 이성구, 「메밀꽃 필 무렵」, 1967.

35) 이종혁, "갈수록 여아선호 … 출생성비 42년만에 최저", <매일경제>, 2023년 3월 1일, http://stock.mk.co.kr/news/view/52509

36) "변론동영상-저탄소 녹색성장 기본법 제43조 제1항 제1호 위헌확인", https://www.ccourt.go.kr/site/kor/info/selectDiscussionVideoView.do?bcIdx=1007688#, 헌법 재판소, (2024년 10월 18일 검색).

37) 헌법 재판소 공보관실, 「기후위기 대응을 위한 국가 온실가스 감축목표 사건」, 보도자료, 2024년 8월 29일, 59쪽.

38) 강민정·전나경, "청년의 미래를 빼앗은 것에 용서를 구합니다", <단비뉴스>, 2024년 1월 6일, https://www.danbinews.com/news/articleView.html?idxno=25311

PART 3. 나의 일상이 다른 사람의 고통 위에 있지 않기를

1) "한자이야기 #915 발 족(足)이야기… 만족이나 부족의 '족'은 왜 '충분하다'는 뜻을 가질까요?", https://www.youtube.com/watch?v=-VQswkEl9HE&t=682s, 한자마당, 2022년 4월 14일.

2) 반다나 시바·카르티케이 시바, 『누가 지구를 망치는가』, 추선영 역, (서울: 책과함께, 2022), 36쪽.

3) C. 더글러스 러미스, 『경제성장이 안되면 우리는 풍요롭지 못할 것인가』, 김종철·최성현 역, (서울: 녹색평론사, 2011), 96쪽.

4) 허먼 데일리, 『성장을 넘어서』, 박형준 역, (파주: 열린책들, 2016).

5) 케이트 레이워스, 『도넛 경제학』, 홍기빈 역, (서울: 학고재, 2018), 58~59쪽.

6) 요르고스 칼리스 외 3명, 『디그로쓰』, 우석영·장석준 역, (서울: 산현재, 2021).

7) 박석호, "[도시 회복력, 세계서 배운다]"대형 기관이 지역 협동 조합 업체 이용했더니 도시에 생기가…"", <부산일보>, 2024년 9월 30일, https://www.busan.com/view/busan/view.php?code=2024093018060363037

8) 양은영, "지역소멸시대에 '프레스턴 모델'…공동체에 집중하니 지역이 살다", <한겨레>, 2024년 7월 9일, https://www.hani.co.kr/arti/economy/economy_general/1148107.html

9) 「기후위기 대응을 위한 탄소중립·녹색성장 기본법 (약칭: 탄소중립기본법)」[시행 2023. 7. 10.] [법률 제

19430호, 2023. 6. 9., 타법개정] 제2조(정의) 13호.

10) "Green Jobs and Just Transition in Eastern Europe and Central Asia", https://www.ilo.org/regions-and-countries/europe-and-central-asia/eastern-europe-and-central-asia/areas-work/enterprises-development/green-jobs-and-just-transition-eastern-europe-and-central-asia, 국제노동기구. (2024년 8월 20일 검색).

11) 신소윤, "탄소중립에 밀려날 '석탄발전' 노동자들, "정의로운 전환" 소송", <한겨레>, 2023년 7월 12일, https://m.hani.co.kr/arti/society/environment/1099712.html#ace04ou

12) 이새하, ""폐업할 돈도 없어요"…매년 500개씩 생기는 '좀비주유소' 무슨 일", <매일경제>, 2023년 10월 24일, https://www.mk.co.kr/news/business/10857191

13) 한국에너지정보문화재단 디지털소통팀, "유럽연합(EU), 그리스의 정의로운 전환 준비는? '정의로운 전환', 어떻게 준비해야 할까? ②", https://blog.naver.com/energyinfoplaza/222692407823, 한국에너지정보문화재단, 2022년 4월 6일.

14) 김병권, 『기후를 위한 경제학』, (서울: 착한책가게, 2023), 310-312쪽.

15) 박경민, "한국인 꺼리는 위험 업무, 외국인 근로자들이 떠맡아… 참사 또 벌어질 수도", <동아일보>, 2024년 6월 25일, https://www.donga.com/news/Society/article/all/20240625/125619509/1

16) 장현은, "'열악한 일자리' 이주노동자 역대 최대 늘린다…처우는 뒷전", <한겨레>, 2023년 11월 28일, https://www.hani.co.kr/arti/society/labor/1118104.html#ace04ou

17) 김일규, "'사망사고 세계 최저' 안전선진국 영국은…처벌보다 '예방' 초점", <한국경제>, 2021년 8월 22일, https://www.hankyung.com/article/2021082201191

18) KBS, 『다큐인사이트-지속가능한 지구는 없다: 2부 재활용 식민지』, <KBS>, 2024년 1월 18일.

19) 위의 다큐멘터리

20) 그린피스, 『플라스틱 대한민국 2.0』, (서울: 그린피스, 2023).

21) 이완, "'난방비 폭탄' 58만 원 찍힌 관리비, 정부는 뭘 하는 걸까요", <한겨레>, 2023년 1월 29일, https://www.hani.co.kr/arti/economy/economy_general/1077318.html

22) 『공동주택관리법 시행령』 [시행 2023. 7. 1.] [대통령령 제33437호, 2023. 1. 31., 타법개정] 제69조의 2(경비원이 예외적으로 종사할 수 있는 업무 등).

23) 한반도미래인구연구원, "직장 만족도 높을수록 결혼·출산 의향 높아… 저출산 문제에 기업 역할 중요", https://kppif.org/92/?q=YToyOntzOjEyOiJrZXl3b3JkX3RlcGUiO3M6MzoiYWxsIjtzOjQ6InBhZ2UiO2k6Mjt9&bmode=view&idx=16180656&t=board, 보도자료, 2023년 8월 7일.

24) 더 케어 컬렉티브, 『돌봄 선언』, 정소영 역, (서울: 니케북스, 2021), 17쪽.

25) 임아영, 조형국, "여성이 평생 못넘는 벽 '28~30세 남성'", <경향신문>, 2023년 02월 23일, https://www.khan.co.kr/national/gender/article/202302230550011

26) 신정수, "한국 재생에너지 비중 8%…무슨 수로 RE100 하나?", <뉴스톱>, 2023년 4월 4일, https://www.newsstof.com/news/articleView.html?idxno=20204

27) 에너지경제연구원 웹사이트, https://www.keei.re.kr/keei/kidspage_2021/sub02_05_03.html

28) "나눔햇빛발전소 10호", http://www.swsolarcoop.kr/bbs/view.php?idx=403&page=1&&code=solarsystemlist&catcode=14230000, 수원시민햇빛발전사회적협동조합, 2021년 5월 13일.

29) 박성철, "에너지효율향상, 제5 에너지의 중요성", <한국일보>, 2017년 3월 28일, https://www.hankookilbo.com/News/Read/Print/201703280477270585

30) 조정형, "[100대 사건_093] 9·15 순환정전 사태 <2011년 9월>", <전자신문>, 2012년 9월 17일, https://www.etnews.com/201209110576

31) 에너지경제연구원, 「중기 에너지수요전망 (2022~2027)」, 2023년 11월.

32) 정재은, "겨울이 다가오는 독일, 에너지 절감 정책 발표", https://dream.kotra.or.kr/kotranews/cms/news/actionKotraBoardDetail.do?MENU_ID=70&pNttSn=196497. KOTRA, 2022년 9월 29일.

33) 유미지, "독일, 에너지 절약 의무화 법안 통과…처음으로 데이터센터에 법적 요구", <임팩트온>, 2023년 9월 25일, https://www.impacton.net/news/articleView.html?idxno=7295

34) 윤삼희, 「세계는 지금-합리적 가격의 안전하고 지속가능한 에너지 확보가 EU 에너지 독립의 이유」, KDI 경제정보센터, 2023년 4월.

35) 김현주, "고쳐쓸 권리 '수리권 보장법' 확산..뉴욕 이어 캘리포니아도 7월 시행", <법치뉴스>, 2024년 2월 24일, https://www.bubb.co.kr/news/articleView.html?idxno=1048

36) 후데코, 『사지 않는 생활』, 노경아 역, (파주: 스노우폭스북스, 2022), 47쪽.

37) 신승철, 『탄소자본주의』, (서울: 도서출판 한살림, 2018), 165쪽.

38) 마야 괴펠, 『더 좋은 선택: 결핍과 불균형, 바꿀 수 있다』, 김희상 역, (서울: 나무생각, 2023).

39) 한세희, "[인터넷 이디엄]<80>당신도 혹시 '호갱님~?' 무슨 뜻일까", <전자신문 ETNEWS>, 2012년 2월 2일, https://www.etnews.com/201202020252

40) C. 더글러스 러미스, 『경제성장이 안되면 우리는 풍요롭지 못할 것인가』 김종철·최성현 역, (서울: 녹색평론사, 2011), 110쪽.

41) 세르주 라투슈, 『낭비 사회를 넘어서』, 정기헌 역, (서울: 민음사, 2014).

42) 신승철, 『탄소자본주의』, (서울: 도서출판 한살림, 2018), 160쪽.

43) 카트린 하르트만, 『위장환경주의』, 이미옥 역, (서울: 에코리브르, 2018).

44) John Willis, Thalia Bofiliou, Arianna Manili, Isabella Reynolds, 「The Greenwashing Hydra」, Planet Tracker, 2023.

45) 신민호, 조가영, "[대유행 '거지방'의 이면②] "비 온다, 빗물 마셔라"…유쾌하게 포장된 청년 불안감", <1코노미뉴스>, 2023년 5월 30일, http://www.1conomynews.co.kr/news/articleView.html?idxno=23727

46) ""흥청망청 쓰는 건 그만" 韓美日 가리지 않는다, 전세계 Z세대 휩쓰는 '프리미엄 짠테크'", <조선일보> 2024년 2월 10일, https://www.chosun.com/economy/market_trend/2024/02/10/G64FLMF5DJA6XCQSMYGNPSP6SU/

47) IPCC, 「기후변화 2023 종합보고서」, 기상청 역, 기상청, 2023.

48) António Guterres, "Secretary-General's video message for press conference to launch the Synthesis Report of the Intergovernmental Panel on Climate Change", https://www.un.org/sg/en/content/sg/statement/2023-03-20/secretary-generals-video-message-for-press-conference-launch-the-synthesis-report-of-the-intergovernmental-panel-climate-change, UN, 2023년 3월 20일.

49) 김예윤, "[단독]'일회용 컵 보증금제' 전국 의무화 철회… 지역 자율에 맡긴다", <동아일보>, 2023년 9월 12일, https://www.donga.com/news/Society/article/all/20230912/121132524/1

50) 이근영, "3500년 전 고대인들도 '일회용 컵' 사용했다", <한겨레>, 2019년 12월 16일, https://www.hani.co.kr/arti/science/science_general/920967.html

51) 신승철, 『탄소자본주의』, (서울: 도서출판 한살림, 2018), 110쪽.

52) 주벨기에·유럽연합대사관 환경관, 「세계는 지금-EU의 순환경제패키지, 두 마리 토끼 잡을 수 있을까?」, KDI경제정보센터, 2016년 6월.

53) 오말리, "EU 순환경제 정책 분석한 세계은행 첫 보고서 공개돼…"무역장벽 될 수 있어"", <그리니엄>, 2022년 12월 12일, https://greenium.kr/news/22470/

54) "일회용 컵 보증금제도", https://www.cosmo.
or.kr/home/sub.do?menuNo=43, 자원순환보증금관
리센터, (2024년 1월 4일 검색).

55) 박소영, "종이컵 매장 허용되면 '일회용컵 사용 금
지' 원칙 지킬 근거가 없다", <한국일보>, 2023년
11월 8일, https://m.hankookilbo.com/News/Read/
A2023110716460000642

56) 전재경, 『쓰레기 종량제』, 한국법제연구원, 1995년
9월, 7쪽.

57) 환경처, 『쓰레기 종량제』, 환경처 폐기물정책과,
1994년 8월, 7쪽.

58) 위의 보고서

59) _____, "가정용 쓰레기봉투값 결정", <중앙일보>,
1994년 11월 30일.

60) 최병태, "쓰레기봉투값 최고 4.4배차 '들쭉날쭉'",
<경향신문>, 1999년 10월 12일.

61) 『폐기물관리법』 제14조(생활폐기물의 처리 등) 5항.

62) 조수진, "제주 '쓰레기 폭탄'…초과매립 '몸살'", <제
주투데이>, 2019년 9월 4일, https://www.ijejutoday.
com/news/articleView.html?idxno=220524

63) 김경은, "생활폐기물 늘어나도…"국민 76%,
환경에 돈 더 못내겠다"[플라스틱 넷제로]",
<이데일리>, 2022년 9월 25일, https://m.edaily.
co.kr/news/read?newsId=01164406632463728&
mediaCodeNo=257

맺음말

1) "한솔그룹, 지구를 지키는 방법들 | Ways to Protect
Our Planet with Hansol", https://www.youtube.
com/watch?v=rqh-6DoNO4o, 한솔그룹 유튜브,
2024년 7월 16일.

2) 김병권, 『기후를 위한 경제학』, (서울: 착한책가게,
2023).

인용 및 참고자료

단행본

C. 더글러스 러미스, 『경제성장이 안되면 우리는 풍요롭지 못할 것인가』, 김종철·최성현 역, 녹색평론사, 2011.

E. F. 슈마허, 『작은 것이 아름답다』, 이상호 역, 문예출판사, 2022.

구황작물, 『채식을 하고 노팬티가 되었다』, 얼룩소, 2024.

국립수목원, 『지의류 생태도감』, 지오북, 2015.

권상철, 『지역 정치생태학』, 푸른길, 2016.

기욤 피트롱, 『'좋아요'는 어떻게 지구를 파괴하는가』, 양영란 역, 갈라파고스, 2023.

김병권, 『기후를 위한 경제학』, 착한책가게, 2023.

김종진, 『노동자의 시간은 저절로 흐르지 않는다』, 롤러코스터, 2022.

김추령·김한솔·민정희·윤순진·이진우·채수미·최경호, 『아주 구체적인 위협』, 동아시아, 2022.

남상욱·김관수·김호·김호걸·박찬·박채연·변영화·손원민·이동근·정휘철·차동현·최진용·최혜영·홍제우, 『보험, 기후위기를 듣다』, 보문당, 2023.

노영희, 『도서관의 미래가치와 영향력』, 청람, 2021.

더 케어 컬렉티브, 『돌봄 선언』, 정소영 역, 니케북스, 2021.

도넬라 H. 메도즈·데니스 L. 메도즈·요르겐 랜더스, 『성장의 한계』, 김병순 역, 갈라파고스, 2021.

레스터 브라운, 『우리는 미래를 훔쳐 쓰고 있다』, 이종욱 역, 도요새, 2011.

로버트 라이시, 『로버트 라이시의 자본주의를 구하라』, 안기순 역, 김영사, 2016.

마야 괴펠, 『더 좋은 선택: 결핍과 불균형, 바꿀 수 있다』, 김희상 역, 나무생각, 2023.

마이클 모스, 『음식 중독』, 연아람 역, 민음사, 2023.

마이클 해리스, 『우리가 살 수 없는 미래』, 김하늘 역, 어크로스, 2023.

마커스 브루너마이어, 『회복탄력 사회』, 임경은 역, 어크로스, 2022.

메리 앤 시그하트, 『평등하다는 착각』, 김진주 역, 앵글북스, 2023.

바이런 리스·스콧 호프먼, 『낭비』, 한미선 역, 로크미디어, 2022.

박건웅, 『제시이야기』, 우리나비, 2016.

박길용, 『생태도시학』, 윤성사, 2021.

박상욱, 『기후 1.5℃ 미룰 수 없는 오늘』, 초사흘달, 2022.

반다나 시바·카르티케이 시바, 『누가 지구를 망치는가』, 추선영 역, 책과함께, 2022.

배성호·주수원, 『지속가능한 세상에서 동물과 공존한다는 것』, 이상북스, 2022.

벤 윌슨, 『어반 정글』, 박선령 역, 매일경제신문사, 2023.

브뤼노 라투르·니콜라이 슐츠, 『녹색 계급의 출현』, 이규현 역, 이음, 2022.

비 존슨, 『나는 쓰레기 없이 살기로 했다』, 박미영 역, 청림Life, 2019.

사스키아 사센, 『사스키아 사센의 세계경제와 도시』, 남기범·이원호·유환종·홍인옥 역, 푸른 길, 2016.

사토 잇사이, 『불혹의 문장들』, 노만수 역편, 알렙, 2013.

상드린 딕슨-드클레브·오웬 가프니·자야티 고시·요르겐 랜더스·요한 록스트룀·페르 에스펜 스토크네스, 『모두를 위한 지구』, 추선영·김미정 역, 착한책가게, 2023.

새라 윌리엄스, 『공익을 위한 데이터』, 김상현 역, 에이콘출판, 2023.

새뮤얼 보울스, 『도덕 경제학』, 박용진·전용범·최정규 역, 흐름출판, 2020.

세계환경발전위원회, 『우리 공동의 미래』, 조형준·홍성태 역, 새물결, 2005.

세르주 라투슈, 『낭비 사회를 넘어서』, 정기헌 역, 민음사, 2014.

스베틀라나 알렉시예비치, 『체르노빌의 목소리』, 김은혜 역, 새잎, 2011.

신승철, 『탄소자본주의』, 한살림, 2018.

애니 레너드, 『물건 이야기』, 김승진 역, 김영사, 2011.

애슐리 도슨, 『극단의 도시들』, 박삼주 역, 한울아카데미, 2021.

앤디 스턴·리 크래비츠, 『노동의 미래와 기본소득』, 박영준 역, 갈마바람, 2019.

앤서니 B. 앳킨슨, 『불평등을 넘어』, 장경덕 역, 글항아리, 2015.

올든 위커, 『우리는 매일 죽음을 입는다』, 김은령 역, 부키, 2024.

올리버 프랭클린-윌리스, 『웨이스트 랜드』, 김문주 역, RHK, 2024.

요르고스 칼리스·수전 폴슨·자코모 달리사·페데리코 데마리아, 『디그로쓰』, 우석영·장석준 역, 산현재, 2021.

윌리엄 퍼비스, 『지의류의 자연사』, 문광희 역, 지오북, 2016.

이송희일, 『기후위기 시대에 춤을 추어라』, 삼인, 2024.

이스라엘 차니, 『폭력의 전염』, 김상기 역, 선인, 2024.

이슬아, 『날씨와 얼굴』, 위고, 2023.

이시야마 노부타카, 『로컬의 발견』, 윤정구·조희정 역, 더가능연구소, 2022.

이영경·이헌석·에너지정의행동, 『요점정리 탈핵』, 에너지교육센터, 2023.

이태동, 『기후변화와 도시』, 명인문화사, 2023.

이효석, 『메밀꽃 필 무렵』, 1936.

전상인, 『도시계획의 사회학』, 서울대학교출판문화원, 2023.

전현우, 『납치된 도시에서 길찾기』, 민음사, 2022.

전혜원, 『노동에 대해 말하지 않는 것들』, 서해문집, 2021.

정희원·전현우, 『왜 우리는 매일 거대도시로 향하는가』, 김영사, 2024.

조지프 스티글리츠, 『불평등의 대가』, 이순희 역, 열린책들, 2020.

조효제, 『침묵의 범죄 에코사이드』, 창비, 2022.

존 레스타키스, 『시민권력은 어떻게 세상을 바꾸는가』, 번역협동조합 역, 착한책가게, 2022.

존 레스타키스, 『협동조합은 어떻게 세상을 바꾸는가』, 번역협동조합 역, 착한책가게, 2017.

최성용, 『시티 그리너리』, 동아시아, 2017.

카트린 하르트만, 『위장환경주의』, 이미옥 역, 에코리브르, 2018.

캐시 오닐, 『대량살상 수학무기』, 김정혜 역, 흐름출판, 2017.

케이트 레이워스, 『도넛 경제학』, 홍기빈 역, 학고재, 2018.

콜린 베번, 『노 임팩트 맨』, 이은선 역, 북하우스, 2010.

탄소 연감 네트워크, 『우리에게 보통의 용기가 있다면』, 성원 역, 책 세상, 2022.

토마스 브루더만, 『나는 선량한 기후파괴자입니다』, 추미란 역, 동녘, 2024.

페터 볼레벤, 『숲, 다시 보기를 권함』, 박여명 역, 더숲, 2021.

폴 호컨, 『플랜 드로다운』, 이현수 역, 글항아리사이언스, 2019.

헤르만 셰어, 『에너지 주권』, 배진아 역, 고즈윈, 2006.

후데코, 『사지 않는 생활』, 노경아 역, 스노우폭스북스, 2022.

보고서

CLES·Preston City Council, 「How we built community wealth in Preston」, CLES, 2019.

IPCC, 「기후변화 2023 종합보고서」, 기상청 역, 기상청, 2023.

그린피스, 「플라스틱 대한민국 2.0」, 그린피스, 2023.

전재경, 「쓰레기 종량제」, 한국법제연구원, 1995.

환경부, 「전국 폐기물 발생 및 처리현황('94)」, 환경부, 1995.

환경처 폐기물정책과, 「쓰레기 종량제」, 환경처, 1994.

영화

루이스 볼로네지, 「아마존 최후의 숲」, 브라질, 74분, 2021.

박강아름, 「박강아름 결혼하다」, 한국, 86분, 2021.

변시연·장세정·강호준, 「파밍 보이즈」, 한국, 98분, 2017.

사토 후토시, 「태양을 덮다」, 일본, 90분, 2016.

와드 알카팁·에드워드 와츠, 「사마에게」, 시리아·영국·미국, 95분, 2019.

왕민철, 「동물,원」, 한국, 97분, 2019.

이길보라, 「기억의 전쟁」, 한국, 79분, 2020.

이길보라, 「반짝이는 박수 소리」, 한국, 80분, 2015.

이성구, 「메밀꽃 필 무렵」, 한국, 96분, 1967.

이수정, 「재춘언니」, 한국, 97분, 2022.

이아라 리, 「체르노빌: 지옥의 묵시록」, 우크라이나, 59분, 2020.

제임스 리드·피파 에리치, 「나의 문어 선생님」, 남아프리카 공화국, 85분, 2020.

지울리오 만프레도니아, 「위 캔 두 댓!」, 이탈리아, 111분, 2008.

질 보봉·에두라르 페랭, 「패스트 패션」, 프랑스, 54분, 2021.

켄 로치, 「나, 다니엘 블레이크」, 영국·프랑스·벨기에, 100분, 2016.

플로리안 데이비드 핏츠, 「100일 동안 100가지로 100퍼센트 행복찾기」, 독일, 106분, 2018.

헤더 밀라드·소더 욘슨, 「퍼머컬쳐: 먹고 심고 사랑하라」, 아이슬란드, 53분, 2017.

홍준표, 「태일이」, 한국, 99분, 2021.

황윤, 「수라」, 한국, 108분, 2023.

황윤, 「잡식가족의 딜레마」, 한국, 106분, 2015.

방송

EBS, 「위대한 수업」, 2021~현재.

EBS, 「하나뿐인 지구」, 1991~2017.

JTBC, 「도시의 물음, 세계가 답하다」, 2024.

KBS, 「다큐인사이트-지속가능한 지구는 없다」, 2024.

KBS, 「시사기획 창-나의 난민, 너의 난민」, 2023.

KBS, 「시사기획 창-엄마의 마지막 집」, 2023.

KBS, 「환경스페셜-옷을 위한 지구는 없다」, 2021.

사진

사단법인 섬즈업 20~21쪽, 70~71쪽

소일 47쪽, 56쪽, 57쪽, 271쪽

이 책을 만드는 데 협조해 주신 모든 분들께 감사의 말씀을 전합니다.
저작권을 찾지 못한 일부 자료는 저작권자가 확인되는 대로 정해진
절차에 따라 해결하도록 하겠습니다.

액트 나우

1판 1쇄 찍음 2024년 11월 20일
1판 1쇄 펴냄 2024년 11월 27일

지은이 │ 소일
발행인 │ 박근섭
책임편집 │ 김하경
펴낸곳 │ 판미동

출판등록 │ 2009. 10. 8 (제2009-000273호)
주소 │ 06027 서울 강남구 도산대로 1길 62 강남출판문화센터 5층
전화 │ 영업부 515-2000 편집부 3446-8774 팩시밀리 515-2007
홈페이지 │ panmidong.minumsa.com

도서 파본 등의 이유로 반송이 필요할 경우에는 구매처에서 교환하시고
출판사 교환이 필요할 경우에는 아래 주소로 반송 사유를 적어 도서와 함께 보내주세요.
06027 서울 강남구 도산대로 1길 62 강남출판문화센터 6층 민음인 마케팅부

판미동은 민음사 출판 그룹의 브랜드입니다.